もう孫育てで悩まない！
祖父母＆親世代の常識って
こんなにちがう？

祖父母手帳

小児科専門医
森戸やすみ 監修

日本文芸社

お孫さんができたみなさんへ

この本を手に取ってくださったのは、お孫さんがこれから生まれる方でしょうか？　もう、生まれてウキウキしている方？　そういった方にお祝いとして贈ろうと思った親しいお友だち？　もしかしたら、はじめておじいちゃん・おばあちゃんになる両親へと、新米パパ・ママがいっしょに読もうと思ってくださっているかもしれませんね。

いま、おじいちゃんになりますという方々は、かつて日本の高度成長期を担ってきたパパだと思います。当時は、男性は外で働くもの、家庭は妻に任せて仕事に生きていた方が多いのではないでしょうか。

私の伯父がそういう、育児をしたいのにできなかった父親でした。朝早くに出かけ、子どもたちが眠ってからの帰宅、土日も気が休まらなかったようです。そしていまになって、伯母に「あのとき私はひとりで子育てして、大変だったのに」と怒られるそうで、かわいそうな伯父です。久々の赤ちゃん到来、今度はゆっくり接することができますね。

そして、おばあちゃんになりますという方々、最近のママは平均初産年齢が以前より5年近く遅くなりました。以前は、子育ての記憶が新しいうちにおばあちゃんになったものですが、いまは「自分がどうやって育てていたか忘れちゃったわ」という声をよく聞きます。それにご自身の子育ては無我夢中だったんじゃないでしょうか。保育園や幼稚園、母子支援センターの一時預かりといったものも一般的でなく、ご実家からも義理のお母さんからも遠かったり、事情があったりで孤立無援のなか、何人も同時に子育てした方もいらっしゃるでしょう。本当に大変だったろうと思います。そして、私ははじめての子どもを産んだとき、子育てはなんという重労働、子どもは間断なくさまざまなことを要求してすぐさま応えなくてはいけない、こんな一大事業を終えてさりげない顔をして暮らしているみなさんはなんて偉大なんだろうと思いました。今回はお孫さんだから、心の余裕が違うのではないでしょうか。

いつの時代に生まれても、生物として赤ちゃんが必要とすることは同じ。おなかがいっぱいになって、清潔な衣類と寝具にくるまれて、抱っこされて笑顔で語りかけられたら、うれしいでしょうね。でも、赤ちゃんを取り巻く環境は時代によって変わります。よいとされていた育児法が、後世ではまったく逆になったり、新しいことがわかったりというように変化していきます。そんななかでも、これだけはやっておいたほうがいいとか、これだけは気をつけてほしいということがあります。それを外しさえしなければ、あとはご家庭によって違う育児法があっていいんじゃないでしょうか。育児に正解はないといわれますからね。

この本は、はじめからお読みになってもいいし、困ったときにその部分だけ読んでもいいようにしました。緊急連絡先、応急処置、緊急じゃないけどどこに聞いたらいいかわからないときの相談先などものせました。「知っている」という方もぜひ一度手にとって、お孫さんがいる大変だけれど、楽しい生活を味わってください。

小児科専門医　森戸やすみ

いま知りたい！早引きインデックス

すぐに知りたいことを、早く見つけられるように
ピックアップしています。

お世話・ケア

遊び …… 142～145
育児のしかた …… 46・47
お散歩・外出 …… 92・93
お出かけ …… 90～95
おふろ …… 74・75・140
おむつ替え …… 73・138
おむつかぶれ …… 72・73
着替え …… 141
睡眠 …… 88・89
スキンケア …… 70~75・139
抱きぐせ …… 84・85
抱っこ …… 84～87・136
日光浴 …… 90・91
乗りもの …… 94・95
歯みがき …… 82・83
フッ素 …… 82・83
保湿 …… 70・71・139
夜泣き（黄昏《たそが》れ泣き） …… 86・87

お母さんのこと（妊娠中含む）

戌《いぬ》の日 …… 24・25
温泉 …… 22・23
骨盤ベルト …… 24・25
嗜好品《しこうひん》（コーヒー、アルコール、タバコ） …… 30・31
出産方法 …… 36・37
情緒不安定 …… 26
過ごしかた …… 18～27
早期教育 …… 34・35
食べていいもの・いけないもの …… 28・29
胎教 …… 34・35
体重 …… 32・33
妊娠高血圧症候群《にんしんこうけつあつしょうこうぐん》 …… 20・21・32
妊娠中毒症 …… 20・21
腹帯《はらおび》 …… 24・25
冷え …… 18・20・21・40~42
服装 …… 18～27
むくみ …… 20・21
流産・早産 …… 24・26
３歳児神話 …… 126~128

安全・健康

胃腸炎 …… 119
インフルエンザ …… 119・121・124・125
おぼれる …… 148
風邪 …… 75・110・111・118・119
感染症 …… 120・121
下痢 …… 76・77・119
高熱 …… 114
紫外線 …… 90・91
脂漏性湿疹《しろうせいしっしん》 …… 139
新生児《しんせいじ》座瘡《ざそう》 …… 139
心肺蘇生 …… 149
人工呼吸 …… 149
窒息・誤飲 …… 146
てんかん …… 115
転落 …… 152・153
同時接種 …… 122・123
乳幼児突然死症候群（SIDS） …… 96・97
熱 …… 75・104〜111・116・117
熱性けいれん …… 115
熱中症 …… 156・157
はさまれる …… 154・155
便秘 …… 76・77
虫歯 …… 80〜83
虫歯菌 …… 80・81
やけど …… 150・151
予防接種 …… 120〜125

母乳・粉ミルク・食べもの

果汁 …… 62・63
粉ミルク …… 49・54〜61・137
白湯 …… 63
食物アレルギー …… 66・67
食べもの（食品） …… 68・69
乳腺炎 …… 50・51
母乳 …… 48・49・52・53・56〜59
離乳食 …… 62〜65

発達・発育

言葉の発達 …… 78・79
男女差 …… 76〜79
発育曲線 …… 134・135
発達の目安 …… 132・133
指しゃぶり …… 99

グッズ・アイテムなど

おしゃぶり …… 98・99
浣腸 …… 76・77
薬 …… 118・119
解熱剤 …… 116・117
スマートフォン …… 102・103
チャイルドシート …… 95
テレビ …… 102・103
日焼け止めクリーム …… 91
フッ素 …… 82・83
ベビーバス …… 75
歩行器 …… 100・101
冷却シート（氷枕・氷のう） …… 104・105
ワセリン …… 71・73・139

もくじ

2 お孫さんができたみなさんへ
4 いま知りたい！ 早引きインデックス
10 祖父母と親の育児心得
12 「いま」と「昔」の育児の違い

Part 1 妊娠編

16 こんなこと、ありませんか？

知っておきたい いまの常識

過ごしかた・服装

18 妊娠中は腹巻きなどで冷え対策をしたほうがよいのでしょうか？
20 妊娠期間が進むにつれ体がむくんでくるのは冷えが原因でしょうか？
22 妊婦は温泉に入ってはいけないというのは本当ですか？
24 骨盤ベルトをすると早産・流産の予防になるのでしょうか？
26 妊婦がイライラすると流産・早産しやすくなるのでしょうか？

食べもの

28 食べていいものいけないものってあるのでしょうか？
30 コーヒーなどのカフェインや嗜好品は全部ダメですか？
32 体重が増えると胎児にもなにか影響がありますか？

胎教

34 胎教や早期教育はいつから、どんなことをしたらいいのでしょうか？

出産

36 出産時に痛みがないと子どもに愛情がわかないって本当でしょうか？
38 満月や新月に出産が多いというのは本当でしょうか？
40 コラム 冷えると本当に体に悪い？

Part 2

育児編

こんなこと、ありませんか？ 44

知っておきたい　いまの常識

育児のしかた

赤ちゃんのお世話など育児のしかたはどこで教えてくれますか？ 46

母乳・粉ミルク

母親としての自覚があれば母乳が出るようになるのでしょうか？ 48

乳製品やお菓子を食べると乳腺炎になるのでしょうか？ 50

母親が食べたもので母乳がおいしくなったりまずくなったりしますか？ 52

粉ミルクだと太りやすい　免疫がつきにくいといった影響がありますか？ 54

赤ちゃんが標準より太っています……母乳や粉ミルクの量を減らすべき？ 56

授乳は必ず3時間あけないといけないのでしょうか？ 58

赤ちゃんに哺乳びんをもたせてひとりで飲ませるべきでしょうか？ 60

離乳食・食べもの

果汁は離乳食をはじめる前に飲ませたほうがいいのでしょうか？ 62

離乳食のスタートは早め、遅めのどちらがいいのでしょうか？ 64

食物アレルギーが出やすい食品はどのようにして与えればいいのでしょうか？ 66

子どもにあげるときに気をつけたほうがいい食べものはありますか？ 68

スキンケア

赤ちゃんの肌でも保湿などのスキンケアは必要なのでしょうか？ 70

おむつかぶれになったらどのようにケアすればいいのでしょうか？ 72

赤ちゃんは毎日おふろに入れるべきでしょうか？ 74

男の子と女の子の違い

女の子だから便秘になりやすい　男の子だから下痢になりやすいということはありますか？ 76

女の子のほうが男の子より言葉を話しはじめるのが早いのでしょうか？ 78

歯のケア

80 キスや口うつしで赤ちゃんに虫歯菌がうつるのでしょうか？

82 虫歯にさせないための予防・対策はどうしたらいいですか？

抱っこ・睡眠

84 ひんぱんに抱っこすると「抱きぐせ」がついてよくないのでしょうか？

86 夜泣きをするのは甘やかしているからなのでしょうか？

88 子どもが夜早く寝ないと成長に問題が出ますか？

お出かけ

90 赤ちゃんに日光浴をさせていいのでしょうか？

92 赤ちゃんのお散歩や外出はどのくらいになったらできますか？

94 子どもを乗りものに乗せるときに気をつけることは？

96 コラム 乳幼児突然死症候群（ＳＩＤＳ）ってなに？

グッズ

98 おしゃぶりをつかうのはやめたほうがいいのでしょうか？

100 歩行器を使用するときのいいところ、悪いところはなんでしょうか？

テレビ・スマートフォン

102 テレビやスマートフォンを子どもに見せてもいいのでしょうか？

ホームケア・病気

104 熱が出たときは体のどこを冷やせばいいのでしょうか？

106 熱が出たときは厚着にしてあたためたほうがいいのでしょうか？

108 症状が出たらすぐに病院へいったほうがいいのでしょうか？

110 よく風邪をひくのは日ごろのケアに問題があるのでしょうか？

112 子どもの病気はまずは小児科へいくべきでしょうか？

114 高熱が続くと脳に影響が出るというのは本当ですか？

116 熱が出たら解熱剤で熱を下げたほうがいいのでしょうか？

118 子どもにはなるべく薬を飲ませないほうがいいのでしょうか？

予防接種

120 予防接種よりも感染症にかかって治すほうがいいのでしょうか？
122 同時摂取すると子どもの体に負担がかかるのでしょうか？
124 インフルエンザの予防接種は乳児が受けても効果はありますか？
126 コラム 母親は3歳になるまでそばにいるべき？

特別編

130 孫のめんどうをみるときに困らないポイントを教えてください
132 3歳までの発達の目安
134 1歳までの乳幼児発育曲線

お世話

136 抱っこする
137 粉ミルクをつくる
138 おむつを替える
139 スキンケア
140 おふろに入れる
141 着替えさせる

遊び

142 ねんねのころ
143 おすわりのころ
144 はいはいのころ
145 たっちのころ

安全対策

146 窒息・誤飲
148 おぼれる
150 やけど
152 転落
154 はさまれる
156 熱中症
158 コラム 医療従事者にいわれたあんなことこんなこと

お互い協力して孫育て

祖父母と親の育児心得

赤ちゃんを大事に思う気持ちは、祖父母も親も同じはず。
お互いがぶつからずに、協力しあって子育てできる方法を見つけましょう。

祖父母 世代

期待

- 孫をかわいがりたい、孫に好かれたい
- 自分の子育てのときにできなかったことを、してあげたい
- 子ども家族となかよくしたい
- 役に立ちたい、頼りにされたい
- 赤ちゃんをさわりたい　など

不安

- 孫の世話をして当たり前と思わないで
- 遠慮や礼儀はわきまえてほしい
- 感謝の気持ちはもってほしい
- 頼られすぎると、体力的・精神的にきつい
- 意見を否定されるとストレス　など

親 世代

期待

- 困ったときは助けてほしい
- いっしょに育児をしてくれると助かる
- 経験者の知識、アドバイスがほしい
- たまには子どもをあずかってほしい
- いっしょに愛情を注いでくれるとうれしい　など

不安

- 育児法を押しつけないでほしい
- 私たちのやり方を非難しないで
- いまの育児法を知ってほしい
- 子どもを甘やかしすぎないで
- かわいがるだけでなく、お世話もして　など

お互いの気持ちを考えることが大事

「孫ができた！」と喜ぶ反面、自分の子育て時代も遠くなり、いまの育児のしかたもわからずとまどっている祖父母世代も多いのでは。一方、親世代は祖父母に頼りにしたいと思いつつ、ちょうどいい距離感をつかみづらいと思っているようです。

いまと昔の価値観の違いやギャップ、子育てに関する意見のくい違いでギクシャクするかもしれません。そうならないためにも、まずは相手の立場に立って考えてみることが肝心です。

そして、間違った情報にふりまわされないように、お互いに情報交換をして、共通認識をもつようにしましょう。

1 **正しい情報を知る**

よかれと思ってした助言が間違いかもしれません。うわさや言い伝えではなく、医者や公的機関が発信している情報、最新情報など信頼できるものにしましょう。また、どこまで孫の世話に関わるのかも事前に話し合っておくとベストです。

2 **お互いに話をして共通認識をもつ**

「本当はこうなんだって」「いまはこうするんだ」など、役立つ情報を手に入れたら家族にも伝えて、みんなで共有を。

3 **相手の立場で考えて協力し合う**

家族といっても、それぞれに置かれている立場や状況が違います。もしも相手の立場だったら……と想像するだけで回避できるトラブルは多いものです。

きちんと話し合って共通認識をもつように

「いわなくてもわかってくれるはず」「なんとなく察してくれるのでは」と思っていませんか。お互いに話をしないと、相手がなにを思っているのか伝わらないものです。向き合って話をしましょう。

うまく協力し合うために、こんな対応がおすすめです

祖父母世代

- 意見を押しつけず、親のやり方を尊重する
- 行動を起こす前に、まずは親に聞いてから
- 聞かれてから話をし、頼られてから動く
- できないことはできないと伝える

親世代

- 孫なんだから面倒をみて当たり前、と思わない
- 甘えすぎず、親だけで乗り切れるところはがんばる
- 「ありがとう」と感謝の気持ちを伝える
- なんでも反論せず、いいところは取り入れる

お互い協力して孫育て

「いま」と「昔」の育児の違い

最近の育児のしかたは昔と違うとよくいわれますが、どこが違うのでしょうか。
代表的なところをピックアップして、紹介します。

取り巻く環境

夫婦や家族を取り巻く環境は、以前とずいぶん変わってきています。

育児グッズ

種類が豊富に

通気性と吸収性のいい紙おむつ、栄養バランスやアレルギーにも考慮したレトルトの離乳食など、いまは便利なものがいろいろとあります。また、おんぶひもより抱っこひもが、ベッド型の乳母車よりひとりずつベルトをつけて座るイス型ベビーカーのほうが主流です。どれがよいというよりも、個人の好みもあります。

夫婦の育児分担

妻だけでなく夫も育児を

最近は家事だけでなく、子育てをする男性がぐんと増えてきました。子どもの成長を見守り、世話をしたいと考える男性は多いのです。とはいえ、まだまだ家事育児は妻がするものという風潮も根強く残っています。夫は育児を「手伝う」のではなく、「分担」するようにしましょう。

サポート体制

地域の人をつなぐ「ファミサポ」

核家族化と近所づきあいの減少で、母子が孤立することが増えています。その解消のためにできたのが、地域で助け合うファミリーサポートセンターです。これは、「育児や介護の援助をしたい人」と「受けたい人」が会員になり、助け合う組織。そのほか、民間のベビーシッターもずいぶん増えました。

働きかた

共働きが増加中

いまでは共働き夫婦が多くなっています。「夫が働き、妻が家を守る」という役割分担から、夫婦ともに働く共働き世帯が増えており、1000万世帯をこえて増加中。とくに夫婦どちらもフルタイムで働く家庭の場合、家事や育児の役割分担や保育園の送迎など、大忙しのようです。

お世話

お世話のしかたも少しずつ変化してきています。

授乳

母乳でも粉ミルクでも大丈夫

時代によって「粉ミルクのほうがいい」「絶対に、母乳で育てないと」と、反対のことがいわれてきました。たしかに母乳はすぐれていますが、粉ミルクでも元気に育ちます。母乳でも粉ミルクでも、お母さんと赤ちゃんが元気に育つことが第一です。お母さんの意見を尊重しましょう。

抱っこ

抱きぐせは気にしなくてOK

赤ちゃんが泣いてすぐに抱っこすると「抱きぐせがつくからやめたほうがいい」といわれたものですが、現在は「気にしなくていい」「泣いたらすぐに抱っこする」と認識が新たに。赤ちゃんは抱っこしてもらうことで信頼感や安心感をえます。このようなお世話を十分に受けてこそ、その後、自立した心が育つのです。

寝かせかた

うつ伏せ寝よりも仰向けで

以前、欧米ではうつ伏せ寝のほうが「頭の形がよくなる」「眠りが深くなる」といわれていました。それを受けて、日本でも80年代ごろ全国的ブームに。しかしその後、うつ伏せ寝は乳幼児突然死症候群（SIDS）を引き起こす可能性があるということがわかり、いまでは仰向け寝が推奨されています。

スキンケア

赤ちゃんにはスキンケアを

生まれたての小さな赤ちゃんにスキンケアが必要なの？と思う人もいるかもしれません。でも小さな赤ちゃんだからこそ、必要なのです。アトピー性皮膚炎や食物アレルギーの一部は、肌のバリア機能がこわれることが原因で起こるといわれています。スキンケアをして、肌のバリア機能を守りましょう。

離乳食

離乳食前に果汁は必要なし

少し前までは、「離乳食を開始する前に果汁を飲ませるように」と指導されており、母子手帳にも書いてありました。でも、2007年に厚生労働省から「果汁は必要ない」と発表がありました。離乳食開始前には、母乳や粉ミルクで十分に栄養をとることが大切という考えからです。

しつけ・習慣

子どもが健やかに育つために、いろいろなことが見直されています。

虫歯

キスや口うつしはNG

以前は、親が口にした食べものを赤ちゃんにあげたり、コップやスプーンの共有も一般的でした。いまは唾液《だえき》から虫歯菌に感染することがわかり、避けるようになっています。虫歯菌だけでなくピロリ菌などの細菌や風邪、口唇ヘルペスなどのウイルス感染を防ぐためにも、やめておきましょう。

おやつ

おやつは、補完食と考えて

おやつというと甘いものを想像しがちですが、胃が小さくて消化機能が未熟な乳幼児のための「4回目の食事」と考えて。3度の食事でとれなかったエネルギーを補給するものなので、エネルギーに変わりやすいおにぎりやビスケットなどがおすすめ。なにかあげるときには、母親に確認すると安心です。

トイレトレーニング

自分でトイレができるまで

おむつをしなくなることを､以前は「おむつ外し」といっていましたが、いまは「トイレトレーニング」といいます。前者は「おむつを外す」ことを目的としていたのに対し、後者は「子どもが自分でトイレにいき、おしっこやうんちをする」ことを指します。おむつを外すだけなら1歳前後でできますが、自分で排せつすることを目標にするなら3歳前後が目安です。

日光浴

紫外線は浴びすぎず、避けすぎず

こんがり日焼けしていると健康といわれた時代から、紫外線の浴びすぎは肌に害があるといわれる時代になっています。とはいえ、浴びなさすぎもビタミンDの欠乏をまねくので問題です。紫外線の量が多い昼間を避けたり、紫外線をカットする服を着せたりして、適度に外遊びを取り入れてください。

食物アレルギー

好き嫌いとは違います

現在は10～20人にひとりの子どもが食物アレルギーといわれています。アレルギーかどうかもわからないのにこわがって食べさせないのは問題ですが、食物アレルギーと診断されて強いアレルギー反応がある場合は、勝手に食べさせてはいけません。食物アレルギーは好き嫌いとは関係ありません。命の危険もありますので注意しましょう。

断乳・卒乳

いまは卒乳の考えかたが多い

授乳をやめることを「断乳」といっていましたが、いまは「卒乳」ということが増えています。どちらも授乳をやめることを指しますが、断乳はお母さんやおとなが時期を決めるのに対し、卒乳は赤ちゃん自身が自然と飲むのを卒業する（やめる）のを待つことをいいます。

Part 1

妊娠編

妊娠中の過ごしかたについてまとめました。
うわさや言い伝えなので気にしなくていいこと
反対にここは気をつけてほしいことなど
祖父母や妊婦はもちろんまわりの人にも
知ってほしい情報を紹介しています。

こんなこと、ありませんか？

祖父母や親に起こりがちな
エピソードを集めてみました。
お互いこんなことにならないよう
気をつけたいものですね。

「なんて名前にする？」妊娠ハイ

「なんて呼んでもらおうか？」孫ハイ

「ていねいにしたいあまりに」気にしすぎ?

「いつ産まれるの?」ちょっと待って

知っておきたい
いまの常識 1

妊娠中は腹巻きなどで冷え対策をしたほうがよいのでしょうか？

「冷えは万病の元」っていうし体を冷やさないように、いつでもあたたかい格好をしたほうがいいんじゃないかしら。

私も、おなかを冷やすと胎児に影響があるって聞いたことが……。
夏でも腹巻きをつけたりしたほうがいいんですよね。

快適がいちばん
寒くなければ大丈夫

日本では、いつのころからか「冷えは体によくない」「冷えは万病の元」などといわれてきました。しかし、実は迷信に近いもの。**体を冷やさなければ病気にならないということはありません。**

そして「妊娠中に体を冷やすのは、おなかの赤ちゃんによくない」と思っている人は多く、なかには「妊娠中に体を冷やすと、子宮や羊水も冷えてしまう」「流産や早産、逆子になってしまう」と信じている人もいるようです。

しかし、このような話に医学的な根拠はありません。中医学（中国を中心とする伝統医学）の本を見ても、体を冷やすことが流産や早産、逆子

無理をして厚着をせず 心地よい服装でOK

夏の暑い時期に無理して厚着をすると、熱中症やあせもになってしまうおそれも……。妊婦に無理をさせないようにしましょう。

の原因になるといったことは書かれていません。**そもそも、子宮のような体の深部にある臓器がかんたんに冷えることはないので、あまり気にしないようにしましょう。**

もし妊婦本人が寒さを感じていないのであれば、腹巻きをしたり、くつ下をはいたり、あるいは服を通常より多く着込んだりして、無理に体をあたためる必要はありません。そのときの季節にあった服装をして、快適に過ごすことが大切です。

妊婦が薄着をしていると、「寒くないの？」「体に悪いのでは」と気になることもあるでしょう。しかし、**本人の心地よいと思う服装が薄着なら、それで大丈夫。心配せずに見守りましょう。**

知っておきたい いまの常識 2

妊娠期間が進むにつれ体がむくんでくるのは冷えが原因でしょうか？

なんだか体がどんどんむくんできているみたいなんです。**冷たいものを飲んだり、体を冷やしたりしたからでしょうか。**

体が冷えて体内に水分がたまったのよ、きっと。そういえば、**私の時代には、妊娠中のむくみは「妊娠中毒症」を心配した**けど、いまはどうなの？

むくみと冷えは関係ありません 妊娠高血圧症候群には注意を

妊娠して、むくむ人もむくまない人もいますが、体質によるところが大きいようです。むくむ人は、妊娠後期になり予定日に近づけば近づくほど、むくみやすくなっていきます。

なぜむくむのか、はっきりとした原因はわかっていませんが、**暑い季節でも寒い季節でも起こりますし、冷えとは関係ないでしょう。**

むくみの原因として考えられているのは、妊娠すると体内を循環する血液の量が1・5倍ほど増えること、さらに大きくなった子宮が周囲の血管を圧迫し、足などから心臓へ血液が戻りにくくなることです。

ただのむくみであれば、あまり気にせずに、妊娠前と同じように過ご

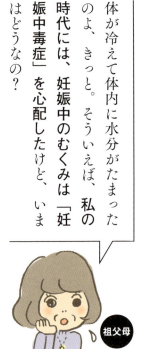

して大丈夫。妊娠してから、むくみや冷えを解消するためにヨガやスイミングのような運動をはじめる人がいますが、無理に運動をする必要はありません。もし足がむくんでつらければ、軽く体を動かしたり、入浴をしたりなどして血行をよくしましょう。足を高くして寝るのもおすすめです。

　気をつけなければならないのは、足だけでなく顔や手もむくんだときや、むくみによって体重が1週間に500g以上増えたとき。「妊娠高血圧症候群」の可能性がありますので、産婦人科でみてもらいましょう。この病気を発症すると、妊婦の体だけでなく、おなかの赤ちゃんの発育にも影響を及ぼすことがありますので注意が必要です。

さらに詳しく

「妊娠中毒症」は昔の名称 いまは「妊娠高血圧症候群」

「妊娠高血圧症候群」とは、妊娠20週～分娩後12週までに高血圧、高血圧にタンパク尿をともなう症状が出る合併症のことをいいます。以前は、これにむくみを加えて、この3つの症状の中で2つ以上の症状が妊娠後にはじめてみられたら「妊娠中毒症」と診断されていました。妊産婦の状態や赤ちゃんの障害に大きく影響しているのが高血圧であるということがわかってきて、高血圧を意識した名称になりました。

妊娠高血圧症候群の基準値は?

妊娠高血圧症候群と診断されるのは高血圧の場合と、それにタンパク尿がともなった場合。具体的に、高血圧、タンパク尿は以下の基準値で判断されます。

高血圧
収縮期血圧が140㎜Hg以上、または拡張期血圧が90㎜Hg以上、あるいはその両方

タンパク尿
1日（24時間）量が300mg以上

妊娠高血圧症候群になりやすいタイプは?

妊娠高血圧症候群と診断される妊婦の割合は全体の約3～4%。妊娠前のBMI値（→P33）が高い人や高齢出産の人、糖尿病、高血圧、腎臓病などの持病がある人、そして多胎妊娠の人がなりやすくなります。また、第一子で妊娠高血圧症候群と診断された妊婦は、第二子を妊娠したときに約半数が再発するとされています[※1]。

※1：日本妊産婦高血圧学会

知っておきたい
いまの常識

3 妊婦は温泉に入ってはいけないというのは本当ですか？

昔、温泉旅行にいったときに「妊婦は入ってはいけません」のような注意書きを見たような気がしたけど、どうなんだ？

たしかに、「妊婦は温泉に入ってはダメ」と聞いたことがあるような気がするけど……なんでダメなのかしら？　理由を知りたいわ。

長湯しなければ温泉に入っても大丈夫

湯あたりするほどの長湯はしないほうがいいですが、妊娠中に温泉に入っても問題はありません。

そもそも、なぜ妊婦は入ってはいけないと思われているのでしょうか。それは、環境省が定める「温泉法」に原因があるようです。温泉法では、温泉施設は施設内の見やすい場所に、温泉の成分、禁忌症、および入浴の注意を掲示するよう義務づけています。つい最近まで、この禁忌症の項目に重い心臓病などの病気と並んで「妊娠中（とくに初期と末期）」とあげられていて、長い間、妊娠中の温泉は体によくないとされてきました。

しかし、**「妊娠中（とくに初期と末期）」を温泉の禁忌症とする理由**

温泉に入るときに気をつけたいこと

温泉とはいえ、気をつけることは普段の入浴と同じです。のぼせるほどの長湯はしないこと、ぬれた床は滑りやすいので転ばないように注意しましょう。

温泉に入るのは OK

転倒しないように
ゆっくりと歩くこと

長湯は避けて

については医学的な根拠はなく、環境省でも明らかにしていません。妊娠初期と後期は、いわゆる安定期に比べると流産や出血、破水などを起こしやすく、脳貧血も起こしやすいため、トラブルを避けるためにあげられていたのでしょう。

平成26年に改正された温泉法では、禁忌症とされていた「妊娠中（とくに初期と末期）」の項目は削除されています※1。

妊婦が温泉に入っても問題はありませんが、転倒などには十分に気をつけることが大切です。そして、気分がすぐれないときは無理をしないようにしましょう。家族が付き添ってあげると安心ですね。

※1：環境省『温泉法第18条第1項の規定に基づく禁忌症及び入浴又は飲用上の注意の掲示等について』及び『鉱泉分析法指針（平成26年改訂）』

知っておきたい
いまの常識

4 骨盤ベルトをすると早産・流産の予防になるのでしょうか？

骨盤ベルトって、戌《いぬ》の日の腹帯《はらおび》みたいなものかしら？　安産になるならつけたほうがいいと思うけれど……。
みんなつけているものなの？

「腹帯」は腹巻きみたいにおなかをあたためるもので、骨盤ベルトは骨盤を支えるものみたいなのですが……。でも、いまひとつメリットなどがよくわからなくて困っています。

腰痛には効果的ですが早産・流産の予防は期待できません

「骨盤ベルトで流産や早産を予防できる」という話を耳にすることがあるかもしれません。実はこれに医学的な根拠はないのです。

骨盤ベルトには、妊娠中につけると「よく笑ってむだ泣きをしない、育てやすい赤ちゃんが生まれる」「頭の形がいい赤ちゃんが生まれる」とうたったものまであります。このような効果は医学的にみても考えられませんので、鵜呑みにしないで。

妊娠中や産後はとくに、体や環境の変化にともない、無理な姿勢をとってしまいがち。それが原因で腰痛に悩む人も多いでしょう。**腰痛の予防や痛みをやわらげるために、骨盤ベルトを使用するのはおすすめです。**

「戌の日」に「腹帯」をつける風習

骨盤ベルトといえば、戌の日におなかに巻く腹帯を思い出す人も多いのでは。日本には、妊娠５カ月目の、最初の戌の日に腹帯をして安産を願う風習があります。犬が多産でお産が軽いため、それにあやかったもの。昔は出産で命を落とすことが多かったので、神や仏に祈る気持ちが強かったのでしょう。

さらに詳しく

いつお参りにいくの？ なにか決まりごとがある？

妊娠５カ月目に入った最初の戌の日に、神社で安産祈願をするのが一般的。夫婦でいく人が多いですが、家族が同行してもいいですし、本人の体調がすぐれなければ、代理の人がいってもかまいません。

神社に初穂料をおさめておはらいをしてもらい、腹帯やお守りなどを受け取ります。神社によってやりかたや初穂料など異なるので、事前に問い合わせましょう。

どうして腹帯をするの？ どんなものをつける？

戌の日につける腹帯は、神社やインターネットなどで購入する人がほとんど。もちろんしない人も多いようです。腹帯のタイプは、さらしや腹巻きのほか、ガードル、コルセットなどでも代用できます。骨盤ベルトは骨盤にかかる負荷を軽減しますが、腹帯は大きなおなかを支えたり、おなかをあたためたりする効果があるとされています。ただし、締めつけるとかえってよくない場合もあるので注意を。

また、女性の骨盤は、子宮や膀胱《ぼうこう》、腸などの内蔵を支えるような形になっています。その下には、排尿や排便、膣《ちつ》の機能と深く関わっている「骨盤底筋群《こつばんていきんぐん》」があります。妊娠や出産をすると、この骨盤低筋群が傷ついたり伸びたりしてしまうので、産後は安静にして無理をしないようにしましょう。尿漏れや膣のゆるみなどトラブルの原因になることも。**骨盤ベルトをつかうと、この骨盤底筋群にかかる負荷を減らすことができますので、産後の使用もおすすめです。**

骨盤ベルトが流産・早産の予防になることはありませんが、つけることで体がラクになるということはあります。もし必要だと感じる場合はつかってみては。

知っておきたい いまの常識 5

妊婦がイライラすると流産・早産しやすくなるのでしょうか？

親
妊娠中だからか、嫁が最近なんだかイライラしてるんだ。**そんなに思い詰めると赤ちゃんによくないよ**っていったら、余計落ち込んでしまって。

祖父母
うちのお母さんもそんなふうだった気がするけど、どうだったかな。なんていわれたらうれしかったのか、いやだったのかを聞いてみるよ。

イライラが原因で流産や早産にはなりません

妊娠中にイライラしたり、情緒不安定だったりすると、おなかの赤ちゃんに悪い影響があるのではないかと心配する人がいます。流産や早産の原因や、ＡＤＨＤなどの発達障害になってしまうという話まで耳にすることも。しかし、そういった話を裏づける確かなデータはありません。

流産はすべての妊娠の15％前後で起こり、多くの女性が経験します。もっとも多い原因は、赤ちゃんの染色体などの異常によるものです。また早産は妊娠全体の約5％に起こり、原因は体質や感染症によるものが多いようです。

流産も早産も妊婦がなにかしたことが原因で起こるということはほと

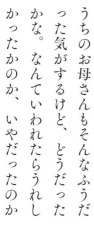

んどありません。

妊娠するとホルモンバランスが急激に変化するため、イライラしたり、情緒が不安定になったりします。環境の変化もあり、いままでと同じように過ごせない場面も多いでしょう。イライラは、妊婦にとってあまり望ましいことではありませんが、気にしていたらキリがありません。医学的に根拠のあることだけに目をむけるようにして、できるだけ心穏やかに過ごしましょう。

そのためには、**周囲のサポートが欠かせません。**妊婦はおなかの赤ちゃんのこととなると、ちょっとしたことで自分を責めてしまいがちです。**家族はあたたかい声をかけてリラックスさせてあげましょう。**

やさしい声をかけて穏やかな環境づくりを

まわりの人はおなかの赤ちゃんを気づかうあまり、妊婦を責めるようないい方をしてしまうときがあるかもしれません。でも、いちばん不安なのは妊婦です。やさしい言葉をかけてはげましましょう。

祖父母の場合

祖父母は「自分もそうだった」などと自身の経験をさりげなく教えたり、「自分を責めないで」と安心させて。

夫の場合

妊娠中は父親としての実感がわきにくいものですが、産まれる前からできるだけ関心をもって。

知っておきたい
いまの常識

6 食べていいもの いけないものって あるのでしょうか？

今度、栄養がつくものをごちそうしたいんだけど、**妊婦が食べてはいけないもの**ってあるのかしら？

なんだろうなぁ。**生ものはなんとなくよくない気がするけど、ほかに気をつけたほうがいいこと**ってあるのかな。

生ものやチーズ 魚などには注意して

妊娠中は生肉や生ハム、お刺身などの生もの、また無殺菌の牛乳やチーズも避けたほうがいいでしょう※1。

トキソプラズマやリステリアによる感染症の危険があり、妊娠中にかかると流産や早産、死産などのリスクが考えられるからです。手づくりの酵素ジュースなどは雑菌が繁殖する危険があるのでやめておいたほうが無難です。

マグロなどの大きな魚は水銀が取り込まれていることがあるので、食べる量には注意が必要です。また、ヒジキは天然の無機ヒ素が多いので、食べすぎないようにしましょう。海藻類もヨウ素が多いのでとりすぎに気をつけて。

魚は体にいいものですが妊娠中は注意を

魚は体にいいものが多く含まれていますので、妊娠中のバランスよい食事には欠かせません。ただし、食物連鎖の頂点にいる大きな魚には水銀がたくさん取り込まれているものがあるので注意が必要です[※1]。切り身1人前、刺身1人前80gとすると、キンメダイ、本マグロ、メバチなどは1週間に1回以上は食べないように心がけましょう。

タイをはじめキハダ、ビンナガ、メジマグロ、ツナ缶、サケ、アジ、サバ、イワシ、サンマ、ブリ、カツオなどは大丈夫。食事に取り入れていきましょう。
釣ってきたぞー!!!
タイのお頭つきだぞー

サプリメントは、食事のバランスが気になるときにじょうずに活用すとよいでしょう。しかし、妊娠初期にビタミンAを過剰にとると赤ちゃんの奇形の原因になる場合も。どんな栄養素なのか調べてから取り入れるようにしましょう。

妊娠中に、特別食べたほうがいいものはありません。偏食をせずにバランスのよい食事を心がけましょう。鉄やカルシウムなどの不足しがちな栄養素は積極的にとって。妊娠中は便秘しがちなので食物繊維も大切。ただし、つわりの時期は偏食になっても仕方がありません。無理して体にいいものを食べようとして、なにも食べられなくなってしまっては本末転倒。ファストフードであっても、食べられるものを食べるようにしましょう。

※1：厚生労働省「これからママになるあなたへ」

知っておきたい
いまの常識 7

コーヒーなどのカフェインや嗜好品は全部ダメですか？

「カフェインはダメ」とよく聞きますが、緑茶や紅茶、抹茶などもダメなんでしょうか。

なにを飲んでいいか迷うわよね。飲みのも以外にも、タバコやお酒なども気になるわね。

コーヒーは2～3杯程度なら大丈夫です

コーヒーなどカフェインが入っている飲みものは、妊娠中は絶対ダメと思っている人が多いようですが、なぜでしょうか。

カフェインはコーヒー以外にも紅茶、緑茶、ココアなどに含まれていますが、とりすぎると流産や低出生体重児のリスクが上がることが知られています。ある研究によると1日の摂取量が100mg以下の人と500mg以上の人を比べたときに、流産率が2・2倍になったという報告もあります※1。

カフェインをとる場合は注意が必要ですが、摂取量に気をつければ飲んでも大丈夫。**普通のドリップコーヒー約1杯でカフェインは100mg**

絶対やめるべき？ ちょっとならいい？

カフェインなどより、とくに気をつけたいのが妊娠中のタバコとアルコール。産後の授乳期間とあわせて紹介します。

産後、同居している家族が喫煙していると赤ちゃんは副流煙を吸い込むことに。たとえ屋外で吸っても呼気から受動喫煙することになります。家族みんなで禁煙を。

アルコール

妊娠中 胎児のおもな器官が形成される妊娠5週〜11週ごろは発育不全のリスクがあるので控えましょう。それ以降で、いままでお酒を飲む習慣があった人なら少し飲むのはかまいません。アルコール分解能力は人によって違うので一概にはいえませんが、缶ビールなら350㎖を1本程度、ワインならグラスに1杯程度が目安です[※2]。

授乳中 授乳中のアルコールはまったくダメというわけではありませんが、過剰に摂取したときの赤ちゃんへの影響にはついては傾眠傾向、認知能力低下や成長障害などがあげられます。授乳中は純アルコールに換算して20g（ビール500㎖、ワイン180㎖程度）以上は摂取しないよう勧告が出されています。

タバコ

妊娠中 タバコは、流産や早産だけでなく、「妊娠高血圧症候群」や「胎児発育遅延《たいじはついくちえん》」「常位胎《じょういたい》盤早期剥離《ばんそうきはくり》」のリスクを高めます。また、お母さんだけでなく、赤ちゃんの血流を悪くし、体や脳の成長にも悪影響を及ぼします。禁煙はいつはじめても効果はあります。できるだけ早い時期にはじめましょう。

授乳中 母乳の中のニコチンの量は、お母さんの血中濃度の約1.5〜3倍。タバコを吸って授乳すると体重が少ない赤ちゃんはお母さんが吸ったのと同じくらいの量のニコチンを摂取することになります。どうしてもやめられない場合はせめて本数を減らすか、または喫煙後はできるだけ時間をあけて授乳するなどして工夫を。

程度含まれていますので、1日に2〜3杯くらいならいいでしょう。

そのほか、妊娠中はハーブティーもよくないという話を聞くことがあります。なかには、ジャスミンティーのようにおなかが張りやすいとされているものもありますが、連日大量に飲むのでなければ影響ありません。

また、**妊娠中は辛いものを食べてはいけないという話もよく聞きますが、食べたいときは気にせずに食べて。甘いものについても食べすぎなければ問題はありません。**

妊娠中はなにかと制限されることが多いので、好きなものを適度に楽しめる環境をつくりましょう。

※1：N Engl J Med. 2000 Dec21;343(25):1839-45.　※2：BJOG. 2013 Oct; 120(11):1340-47.

知っておきたい
いまの常識

8 体重が増えると胎児にもなにか影響がありますか？

週数が進むにつれて、どんどん太ってきてしまって。**胎児も太りすぎてしまうんじゃないか**と心配です。

おなかが大きくなっているんだから、妊娠中に太るのはしょうがないことよ。でも、母子ともに影響がないか、調べてみたほうがいいかもね。

体重が増えることよりも増えないほうが危険！

以前は、妊娠中に太ると「妊娠中毒症（→P20）」になるといわれていましたが、太りすぎることだけが原因ではありません（現在は名称が変更され「妊娠高血圧症候群」）。「妊娠高血圧症候群」の症状のひとつとして1週間に500g以上の体重増加があげられますが、これはむくみによる体重増加です。もしも、このような症状が気になる場合は産婦人科で相談しましょう。

妊婦の体重が増えすぎてもおなかの赤ちゃんの体重にはあまり影響がないので、極端に増えすぎなければ心配しなくてもいいでしょう。ただし、脂肪がつきすぎると出産時、腰《よう》椎《つい》麻《ま》酔《すい》が必要なときに針が届きにく

妊娠中の適正な体重増加は人それぞれです

現在では一律に○ kg までというような指導はされていません。妊娠中の理想的な体重増加は妊娠前の体格によって違ってくるので、まずは、指標となるBMI値を計算してみましょう[※1]。

[BMI値の計算方法] 妊娠中ではなく、妊娠前の体重と身長で計算してください。

体重（　kg）÷（身長（　m）×身長（　m））＝BMI値（　）

体格区分	低体重（やせ）	ふつう	肥満
	BMI18.5未満	BMI18.5 以上 25.0未満	BMI25.0以上
推奨体重増加量	9〜12kg	7〜12kg 「ふつう」のなかでも、BMI18.5に近い場合には12kgに近い範囲で、BMI25.0に近い場合には7kgに近い範囲が望ましい。	個別対応 BMIが25.0をややこえる場合はおおよそ5kgを目安とし、大幅にこえる場合にはほかのリスクなどを考慮しつつ個別に対応。

くなります。もともと太り気味の人は体重を増やしすぎないようにしましょう。

妊娠前にやせ気味だったお母さんは、少し注意が必要。妊娠中にあまり体重が増えないと、赤ちゃんの体重も増えにくくなります。また、飢餓状態に近くなると出てくるケトン体という物質が赤ちゃんに悪影響を及ぼすことがあります。

体重がどのくらい増えるのが適正かは、妊娠前の体重によります。厚生労働省ではBMI値が標準の人は7〜12kgが適正としていますので目安にしてみてください。

また、昔は「妊娠したら2人分食べなさい」といわれていましたが、**妊娠して余分に必要なカロリーは1日350kcal程度**とされています。

※1：厚生労働省「妊娠期の至適体重増加チャート」について

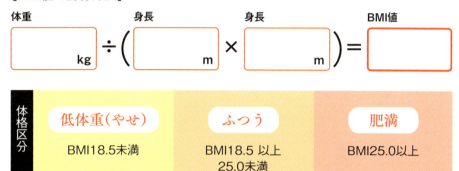

知っておきたい いまの常識 9

胎教や早期教育はいつから、どんなことをしたらいいのでしょうか？

妊婦がモーツアルトを聞くと、おなかの子にもいい影響があるんですってよ。ＣＤをプレゼントしようかしら！

うーん、でもあのふたりはにぎやかな洋楽が好きで、クラシックとか聞いているのを見たことがないぞ。そもそも、そんな早い時期から意味があるのかな？

大切なのは教育より まずは基本的なお世話

妊娠中におなかの赤ちゃんに音楽を聞かせたり、産まれたての早い時期から習いごとをさせたりと、**胎教や早期教育に熱心な人がいます。しかし、それで赤ちゃんの頭がよくなるということはないでしょう。**

たとえば妊娠中にクラシックを聞くとよいといわれていますが、おなかの赤ちゃんは音楽を雑音としてしか聞いていないという研究があります。妊婦がリラックスするという意味ではいいかもしれませんが、おなかの赤ちゃんに影響はないでしょう。

もし妊娠中になにかするのであれば、おなかの赤ちゃんに話しかけるといいですね。おなかのなかで赤ちゃんはお母さんやまわりの声が多少

「胎教にいい音楽」はありません 妊婦がリラックスできればOK

胎教にはクラシック、とくに「モーツァルト」がいいなどとよくいわれますが、おなかの赤ちゃんには音楽はまだ理解できていません。妊娠中に音楽を聞くのなら、妊婦本人が好きな音楽でリラックスするのがいちばんです。

聞こえています。穏やかな声で話しかけると赤ちゃんも心地いいでしょう。

産まれたあとの早期教育について、いつなにをすればよいか明らかなことはいえません。ただ、**生まれた赤ちゃんはなにに関心があるのか、なにが好きなのかというところに注目して、それにこたえるような遊びかたをすればいいのでは**ないでしょうか（→P142）。

教育よりも大切なのは、赤ちゃんの基本的な欲求を満たしてあげること。抱っこしてほしいときは抱っこする、おなかがすいたときは母乳や粉ミルクをあげる、おむつが汚れて泣いているときはとり替える、話しかけたりほほえみかけたりする。当たり前のことですが、愛情を与えることがいちばんですよね。

知っておきたい いまの常識

10 出産時に痛みがないと子どもに愛情がわかないって本当でしょうか？

陣痛を経験しないと、子どもをかわいく思えないわよっていわれたんです。そういうものなんでしょうか？

親

痛い思いをしたから子どもがかわいいなんて、そんな単純なものじゃないわ。出産はただのスタートよ。それから愛情を育てていくのよ。

祖父母

愛情は産んだあとに育むもの 昔の価値観に縛られないで

出産方法には、一般的に経膣《けいちつ》分娩、帝王切開《ていおうせっかい》、無痛（和痛《わつう》）分娩の3通りがあります。

経膣分娩は、分娩台やいろいろな場所、姿勢で、産道を通して出産する方法です。産婦人科医は、必要なときだけ医療的介入を行います。

帝王切開とは、おなかを切って赤ちゃんを取り出す方法。逆子《さかご》や胎盤が子宮の出口をふさいでいる場合などに行われる「予定帝王切開」と、妊娠中や分娩中に赤ちゃんや妊婦にトラブルがあった場合に行われる「緊急帝王切開」があります。

無痛（和痛）分娩は、麻酔薬を用いて陣痛の痛みをやわらげながら経膣分娩を行う分娩方法。完全に痛み

どんな方法でも、出産は命がけ

　さまざまな出産方法がありますが、どんな出産でも命がけであることには変わりません。まわりの人は、母子ともに元気に出産できるように応援しましょう。

どんな出産方法でも、出産日が近づくとだんだんと不安になってくるもの。安心するような言葉をかけてあげて。

がなくなるわけではなく、意識はあるので、分娩時のいきみは必要です。無痛分娩は欧米ではよく行われる出産方法ですが、日本ではまだ一般的ではありません。対応できる医療機関や麻酔科医が少ないためです。

　陣痛の痛みを経験しないという理由でお母さん自身が後ろめたい気持ちになったり、まわりの人がお母さんを非難することもあります。日本では昔から「痛みを乗り越えてこそ子どもへの愛情が深まる」という考えが広まっているせいでしょう。

　しかし、**なかにはお産の痛みで心の余裕をなくし「愛情どころではない」と感じる人もいます。産後、赤ちゃんをお世話するなかで愛情は育まれていくもの**です。手をかけ、時間を共有することで、かけがえのない存在になります。

知っておきたいいまの常識

11 満月や新月に出産が多いというのは本当でしょうか？

もう、妊娠週数も39週目ね。明日は満月だし、そろそろ産まれるかもしれないわよ。前兆とかないの？

この間、友だちも満月に出産したっていっていました。月と女性の体って、なにか関係があるんでしょうか。早く産まれるといいんですけど……。

出産と月との関係性は認められていません

「満月や新月の日には出産が多い」という説を聞いたことがある人もいるでしょう。月の満ち欠け（潮《しお》の干満）で受精や産卵をする生きものもいるので、人間も月からの影響を受けるのではないかと思うようです。

実際に、自然現象と陣痛開始時刻・分娩時刻との関連について調べた論文があり、「新月のときは陣痛がはじまることが多い」「満月のときは出産が多い」という人がいます※1。

しかし、**過去30年ほどにわたって医療介入がない助産所での出産数を調べた研究によると、月との関連は認められませんでした。**助産所でのすべての出産数を、月の満ち欠けとほぼ対応する「月齢（この場合は、新

出産が多い満月の日は印象に残りやすいものです

医療従事者でも、ひと晩でたくさんの出産があると記憶に残りやすいもの。それが満月の日ならなおさらです。しかし、病院の場合は陣痛促進剤の使用や、帝王切開などの手術もあるので、自然（満月や新月）と出産との関係性はよくわからないのです。

ちょっと注意!

予定日が近づいてもせかさないで

出産予定日近くになって満月の日がくると「もしかして産まれるかも」とついまわりも期待してしまうかもしれません。でも、出産前のお母さんはとても繊細。「まだなの？」「産まれた？」などとひんぱんに聞いて、プレッシャーをかけないようにしましょう。

月のときを0として計算した日数）」ごとにわけてみたところ、特定の月齢のときには多い、あるいは少ないなどの規則性はみられなかったからです。一方で、太陽との関係性は認められました。出産数を1日の時間帯でみたときに、朝がやや多く夕方はやや少ない傾向にあったのです※2。

しかし、関係があるという説には具体的なデータが少なく、「満月や新月の日に出産が多い」ことは事実とはいえそうにありません。医療従事者のなかにも「満月や新月のときに出産が多い気がする」という人がいますが、**たまたま出産の多い日が満月だったりすると印象に残りやすい**ため、そのように感じてしまうのではないでしょうか。

※1：星川由美子『自然現象と陣痛開始時刻・分娩時刻について』茨城県母性衛生学会誌19号P39-42（1999.10）
※2：勝村久司『満月の日は、出産が多くなるのか？』

冷えると本当に体に悪い？

インターネットで、「冷え　妊娠」で検索すると冷えはいろいろなことに悪いと書いてあります。

「冷えると血行が悪くなり、必要なところにホルモンや栄養がいき渡らずに妊娠しにくい体質につながる」、「卵巣が冷たくなり卵子がつくれなくなる」、「冷えは月経不順《げっけいふじゅん》、子宮筋腫《しきゅうきんしゅ》、子宮《しきゅう》内膜症《ないまくしょう》の原因になる」、「子宮内膜が厚くならないので着床しにくくなる」、「つわりがひどくなる」、「おなかが張りやすくなる」、「腰痛や便秘になりやすくなる」、「赤ちゃんがあたたかいところを求めて動くので逆子になる」――インターネットを見ない人も、なにかで読んだり聞いたりしたことがあるかもしれません。

これが本当だったら大変ですね。娘さんやお嫁さんが、こんな目にあわないように、その対策として書いてある方法をついすすめたくなります。「薄着をしない」、「腹帯を巻いて靴下は重ねばきをする」、「エアコンをつかわない」、「軽い運動をする」、「体をあたためるといわれるキムチやしょうが、みそなどを食べる」、「ぬるいお湯で入浴する」などいろいろ聞きますね。

でも、ちょっと待ってください。その説は正しいのでしょうか？

「冷え」は、医学用語ではないので正確な定義はありません。一般的に、手足が冷たくなり下痢をしたりおなかが痛くなったりする状態を呼びます。

冷房のかかった部屋で、自分だけ手足が冷たいのにいい出せないのは困ります。また、夜に布団に入ってから足が冷たいとつらいものですね。

冷えは、このように症状として確かにありますが、それが万病の元というのはいいすぎです。東洋医学の文献でもそこまでいい切っているものはありません。某酒造メーカーのCMが有名ですが、あれは商品を売るためのキャッチフレーズのようなものです。

商品を売るといえば、冷え取り用とされている絹の専用靴下で、とても高価なものがありますが、医学的な根拠はありません。

子宮は体のいちばん深いところにある臓器のひとつです。ほかはあたたかいのに子宮や卵巣だけ冷えるということはありえません。血行が悪くなるほど冷えてホルモンがうまくいき渡らないなんてこともありません。「子宮が冷えてガチガチにかたくなる」、「おなかだけは腹帯やカイロなどであたためて」なんて書いてあるものもありますが、そんなことは起こらないし、**表面をあたためても深部まで熱は伝わりません。**あせもや低温やけどの心配はありますが。

こういったことを書いているサイトや書籍が、子宮の温度を実際に測定しているものはないし、医学論文もありません。サーモグラフィーという表面の温度の差を色で表すものをつかう場合があるようですが、子宮のような深いところにある臓器のことはわかりませんよね。

むしろ、**真夏の猛暑のなかでも厚着をしたり、エアコンをつかわなかったりすることとの危険性のほうが大きい**と私は思います。汗びっしょりになって十分な水分と塩分補給ができなかったら、脱水になってしまいます。脱水にならないまでもあせもやかぶれにはなるでしょう。

月経不順、子宮筋腫、子宮内膜症、不妊症、逆子など適切な医療を必要とする状態をあたためるだけで乗りきろうとして、治療が遅れてしまうことにもつながります。

極端なことをいったり、いろいろある不調がただひとつのことをやればすべて解決すると提案したりするのを聞くと、とても魅力的に思えますが、**実際には冷えを解決しても病気にはなるし、別の不調は起こります。**熱帯地方に移住したら、病気はないのでしょうか？そんなことはありません。

娘さんやお嫁さんが寒そうだったらもちろん、あたたまるような食事や衣類、便利なグッズをすすめてあげてください。暑い季節やもともと暑がりさんの女性は、わざわざあたためる必要はないことを知ってください。

Part 2

育児編

母乳や粉ミルク、離乳食、アレルギーなど
育児にまつわるあれこれをギュッと凝縮して
お届けします。みんなに知っておいてほしい
いまの常識ばかりです。

こんなこと、ありませんか？

祖父母や親に起こりがちな
エピソードを集めてみました。
お互いうまく気づかいながら、
孫育てしたいものですね。

「盆正月、たいへんだけど」帰省の疲れ

「来てうれし、帰ってうれし……」孫はかわいいけど

「つもりつもると、ドッカーン！」なんでも聞かないで

「当たり前と思ってない？」甘えるのもほどほどに

知っておきたい
いまの常識

12 赤ちゃんのお世話など育児のしかたはどこで教えてくれますか？

赤ちゃんが無事に生まれてホッとしているんですけど、これからどうやって過ごしていけばいいのか不安です。
親

私がいまの育児法をしっかりと教えてあげられるといいんだけど、ずいぶん前のことだから……。でも、いっしょに勉強して乗りきりましょう！
祖父母

まわりの人がサポートしてあげましょう

出産後、入院中に助産師が母乳のあげかたや粉ミルクのつくりかた、おむつの替えかたなど基本的なお世話のしかたを教えてくれます。

しかし、**病院は安全にお産をすることが目的の場所。退院後の赤ちゃんの育てかたまでは教えてくれません。**これまで赤ちゃんとふれあう機会がなかったお母さんは、退院するとだれに教えてもらえばよいのかわからずにとまどう人も多いようです。

そんなとき同じ境遇の友だちに聞いたり、インターネットで調べたりするのは手軽で便利な方法ですが、根拠のない誤った情報も多いので、本人はもちろん家族も気をつけましょう。インターネットでは信頼できるサイトかどうかを見極めることが肝心。また、子育て支援センターや保健センターなど地域の公的な機関を利用するのもひとつの方法です。育児相談サービスが充実している地域もありますので一度調べてみるといいかもしれません。

そして、**身近にいる育児の先輩はやはりおじいちゃんやおばあちゃんです。**育児の常識や環境が昔とは大きく変わっているので、いまの育児の悩みにたいして、適切なアドバイスをしようと思うとなかなか難しいかもしれません。しかし、**育児のしかたに、これが正解というものはありません。お母さんが育児のことで不安なときは、話を聞いたり、自分の経験を思い出して話してみたりするだけでも育児のプレッシャーは減りますよ。**

インターネットは公的な機関の情報から

インターネットで調べる場合は、WHOや厚生労働省などの国の機関、または連携しているNGOやNPOなどのサイトがおすすめです。多くの専門家が関わっているので正しい情報が得やすいでしょう。

さらに詳しく

子どもの事故を知ろう

「STOP！子どもの事故」

http://www.tfd.metro.tokyo.jp/lfe/topics/stop/index.html

命にかかわるような事故について知ることができます。

けがや病気のときは

「こどもの救急」

http://kodomo-qq.jp

夜間や休日など診療時間外に、病院を受診するべきか相談ができます。

赤ちゃんのお世話をお母さんだけでするのは大変です。授乳以外はみんなで分担して育児に参加しましょう。

知っておきたいいまの常識 13

母親としての自覚があれば母乳が出るようになるのでしょうか？

なかなか母乳が出なくて困っています。**どうすれば出るようになるんでしょうか。まだ母親になれていないのかもしれません。**

そんなに落ち込まないで。私のときは気づけば母乳が出ていたような気がするけど……。なんてアドバイスすればいいのかしら。

母乳の量と母親の自覚は関係なし

母親の自覚をもつことで母乳が出るというようなことをいう人がいますが、そのようなことはありません。

母乳は産後2~3日の間に約9割のお母さんから出はじめます。産後4日ごろから分ぴつ量が徐々に増え、2~3週間後までに安定してくるといわれています。体質や体調、精神状態によってはまったく出なかったり、産後しばらく量が少なかったり不安定だったりするお母さんも多いのです。

母乳は、赤ちゃんが乳首を吸うことで分ぴつされるプロラクチンというホルモンによってつくられます。プロラクチンが増えるほど母乳量も増えるので、まずは1日8回程度を

母乳でも粉ミルクでも赤ちゃんは元気に育ちます

　母乳には5、6カ月までの赤ちゃんに必要な栄養素がすべて入っています。また乳首を吸われることで子宮が収縮するので産後の子宮の回復が早くなるメリットも。しかし、粉ミルクをあげても問題はありません。お母さんが疲れているときは家族が哺乳びんをつかって授乳してあげるといいですね。もし母乳だけで育てたいなら搾乳したものをあげるのもひとつの方法です。

ちょっと注意！

こんなことをいっていませんか？

母乳育児が推進されるようになった世代は「粉ミルクはダメ！」と思ってしまいがち。粉ミルクだからといって赤ちゃんの発育に悪影響を及ぼしたり、愛情が不足したりすることはありません。

粉ミルク全盛期に子育てをした世代は、母乳が足りないようだと、簡単に「粉ミルクを足しなさい」とすすめてしまいがち。母乳育児をがんばっているお母さんにとってはつらいことなので気をつけて。

目安に授乳を。乳首が痛いようなら搾乳《さくにゅう》でもいいでしょう。産院では3時間おきの授乳を指導するところもありますが、時間に縛られる必要はありません。赤ちゃんの様子をみてほしがるときに授乳して（→P58）。

　お母さんの体がつらいときには粉ミルクをあげてもかまいません。ただし赤ちゃんはおなかいっぱいでも、おむつがきれいでも泣くことがあります。とくに生後2カ月までの赤ちゃんは、夕方から夜中にかけてよく泣きます。

　プロラクチンが出やすい夜間にしょっちゅう母乳をもらうことにより、母乳の分ぴつを増やすのではないかという研究があります。こういうときはなにをやっても泣くので、スキンシップを増やすためにも母乳を吸わせるといいでしょう。

知っておきたいいまの常識

14 乳製品やお菓子を食べると乳腺炎になるのでしょうか？

私のときは、おもちの粘りで乳管が詰まるから食べちゃダメっていわれたわ。そんなことってあるのかしら。

ケーキやドーナッツのような甘いものや乳製品、油っこいものもダメって助産師さんがいっていましたが、全部ダメなんでしょうか。

食べたものが原因で乳腺炎にはなりません

乳腺炎の症状には、乳房がかたくなる、痛む、赤くなる、熱をもつなどがあります。発熱や悪寒をともなう場合もある、つらい病気です。

乳腺炎の原因としてよく「乳製品」や「甘いもの」「脂肪分の多い食べもの」があげられます。助産師が食事指導を行うこともあり、多くの人が当然の事実のように受け止めているのではないでしょうか。でも、**実は乳腺炎と食べものとの関係性は認められていません。**

乳腺炎になる明らかな原因は「乳房に母乳がたまってしまう」ということだけです。これは授乳回数が少ないことや、授乳の姿勢が悪くて赤ちゃんが母乳をうまく吸えていない

Point 1

正しい姿勢でひんぱんに授乳する。

Point 2

乳腺炎の起こっているほうから吸わせる。どうしても飲まないときは搾乳を。

乳腺炎はこうして予防&治療しましょう

乳腺炎のおもな原因は、授乳回数が少なかったり赤ちゃんがじょうずに吸えなかったりして乳房内に大量の母乳がたまること。左のような方法で症状がよくならない場合は産婦人科の受診を。

ちょっと注意!

民間療法に気をつけて

キャベツ、じゃがいも、さといもなどを乳房にはる湿布は昔から伝わる民間療法ですが、とくに乳腺炎に効果があるわけではありません。授乳や搾乳のあとの痛み軽減のために冷やすのであれば、冷湿布などを利用すると衛生的でいいですね。

ことで起こります。そのほか下着や抱っこひもによる締めつけ、疲れなどで起こることも考えられます。**乳腺炎の治療にも予防にも効果があるのは、正しい姿勢で赤ちゃんにひんぱんに母乳を飲んでもらうことです。搾乳《さくにゅう》するのもいいでしょう。**

よくならない場合は、産婦人科を受診して。また、乳腺炎には細菌感染による炎症で引き起こされる「感染性」のものがあります。この場合は、抗菌薬の投与が必要なので、やはり産婦人科で診てもらいましょう。

このように**乳腺炎を予防するという目的で食べたいものをがまんする必要はありません。**たまにはお母さんに甘いものや好物を差し入れると、喜ばれるのではないでしょうか。

知っておきたい
いまの常識
15

母親が食べたもので母乳がおいしくなったりまずくなったりしますか？

親

昨日はあんまり母乳を飲んでくれなかったんです。**夜にカレーを食べたので母乳が辛かったんでしょうか。**

祖父母

でも、インドの人は香辛料の強いものを食べるでしょうし、韓国の人はキムチを食べるわよね。それぞれ母乳は辛いのかしら？

母乳の味は簡単に変わりません

授乳中は「おいしい母乳」のために食事に気をつかっているお母さんも多いようです。

しかし、**食べたもので母乳の味は簡単に変わりません。**甘いものを食べたからといって母乳が甘くなったり、ファストフードを食べたからしょっぱくなったりすることはないのです。多少風味が変わることは考えられますが、赤ちゃんが母乳を飲まなくなるほどの大きな変化はありません。

サプリメントの場合、たとえばお母さんが鉄剤をとっても母乳中の濃度が変わらないため、母乳が鉄くさくなるということもありません。

食べものは胃や腸などで消化され、

母親の食べたものでアレルギーにならない

母乳を介してアレルギーになるという話がありますが、根拠はありません。むしろ、偏りがなくいろいろなものを食べたほうがアレルギーになりにくいでしょう。

お母さんはいつも赤ちゃんのお世話で大忙しです。たまには、お母さんの食事中に赤ちゃんの面倒をみて、ゆっくりと食べる時間を。

でんぷんは糖に、タンパク質はアミノ酸に、脂肪は脂肪酸とグリセロールに細かく分解されます。そして、糖とアミノ酸は肝門脈を通って肝臓で代謝され、肝静脈を通って心臓から全身へ。脂肪酸とグリセロールは再合成されてリンパ管を通って静脈に入り心臓から全身へ運ばれます。

母乳は血液を材料に乳房のなかにある乳腺体でつくられます。**乳腺体は消化された食べものが通る肝門脈やリンパ管と直接つながっていないので、食べたものがそのまま母乳の味になることはないのです。**

しかも、**体にはまわりの環境が変わっても同じ状態を保とうとする「恒常性」という働きがあります。**寒くても暑くても体温が一定に保たれるように、塩分を多くとっても糖分を多くとっても、血液の成分は一定になるよう調整されます。母乳は食べたものによってそれほど成分が左右されることはないのです。

栄養状態が違う北欧とアフリカのお母さんの母乳の成分を分析した研究によると、どちらもほぼ同じだったそうです[※1]。

ただし、極端に偏った食事をすると母乳に影響が及ぶこともあります。たとえば厳格なベジタリアンのお母さんで動物性タンパク質をまったくとっていない場合、母乳のタンパク質の濃度が低くなる傾向にあります[※2]。

母乳のために特別な食事をする必要はありませんが、極端な偏食はしないように、というところでしょう。

※1：Lonnerdal BO. In; Hamosh M, Goldmans AS(eds), Human Lactation 2, Plenum Press, 1986. P301-323
※2：米山京子『日本公衆衛生雑誌』vol.41.no6 1994 P507-517

知っておきたい
いまの常識

16 粉ミルクだと太りやすい免疫がつきにくいといった影響がありますか？

私たちの子育てのときは、粉ミルクは栄養たっぷりでいいっていわれていたよね。でも、**いまは母乳って聞く**し。どっちがいいんだろう。

私は、上のお兄ちゃんのときには粉ミルクで育てたのよ。とくに問題はなかったと思うんだけど……どうなのかしら？

母乳が足りないときは心配しないで粉ミルクを

母乳はたしかに粉ミルクよりもすぐれています。母乳には免疫グロブリン、サイトカイン、成長因子などさまざまな成分が入っており、赤ちゃんの感染症予防に役立ちます。

また、母乳育児をすると子どもが成長してからも喘息《ぜんそく》や肥満、糖尿病や生活習慣病、白血病になりにくいというデータもあります※1。母乳育児ができるのであれば、それにこしたことはありません。

しかし**母乳育児が難しい場合でも「粉ミルクで育てると病気になるかも」と心配することはありません。**衛生面や栄養面、医療水準も高いいまの日本においては、感染症予防の手だてはほかにもあり、母乳だけに

粉ミルクでも元気に育ちます

1970年代は粉ミルク消費量のピークでした。現在、そのころの赤ちゃんは30代後半〜40代後半。健康上、ほかの年代と比べて劣ったところがあるとはいわれていません。かといって、母乳でがんばっているお母さんに粉ミルクをすすめる必要もありません。母乳、粉ミルクにかかわらず、お母さんと赤ちゃんを応援しましょう。

頼る必要はないからです。

また「粉ミルクは太りすぎる」のではないかと心配する人も多いようです。たしかに母乳に比べてラクに飲めるので、一度にたくさんの量を飲むことができ、一時的に体重が増えることもあります。また、母乳で育てると将来肥満になりにくい、という論文もあります。しかしそれを否定するものもあり、結論はでていません。生涯にわたって影響するということはないでしょう。

いまは母乳育児が推奨され、母乳のメリットが大きく取り上げられるなか、粉ミルクはデメリットを大げさに伝えられがち。**粉ミルクでも赤ちゃんは元気に育ちます。母乳にこだわりすぎて赤ちゃんが栄養不足にならないようにしましょう。**

※1：American Academy of Pediatrics Section on Breastfeeding: Breastfeeding and the Use of Human Milk. Pediatrics 2005 Feb; 115(2) p496-506

知っておきたい いまの常識

17 赤ちゃんが標準より太っています……母乳や粉ミルクの量を減らすべき？

むちむちしてとってもかわいいけど少し太りすぎじゃないかしら？　**このまま母乳やミルクをあげてもいいのかしら ね？**

祖父母

母乳やミルクをあげればあげるだけ飲むんです。**がまんさせようとしても大泣きしてしまって……。**少し控えたほうがいいんでしょうか。

親

母乳も粉ミルクも勝手に控えないように

生まれてから最初の1年間は身長が1・5倍、体重が3倍にも増え、脳も急激に成長します。たとえば、生まれてから数カ月の間、目をふさいだ状態で育てた場合、目の機能には問題がなくても大脳皮質にある視覚野が育たず、目が見えなくなってしまいます。それほど、生きるうえで基礎となる機能ができてくる大事な時期なのです。

このような時期に栄養が不足すると赤ちゃんの体や脳の成長に深刻な影響を及ぼしかねません。**標準より太っているからといって、むやみに母乳や粉ミルクを減らすのはやめましょう。**

とくに粉ミルクの場合は、与えす

体にいいと思って間違ったことしていませんか？

赤ちゃんの体にいいと思ってやっていることが、かえってよくない場合もあります。気をつけましょう。

がまんさせなくても大丈夫。母乳や粉ミルクはほしがるときにほしがるだけあげましょう。

粉ミルクは薄くしたり濃くしたりしないで、規定通りつくりましょう。

離乳食前の赤ちゃんは母乳や粉ミルクだけでOK。白湯《さゆ》やイオン飲料のあげすぎはかえってよくありません（→P62）。

ぎてはいけないと心配する人が多いようです。たしかに粉ミルクは飲みやすいので、母乳に比べて赤ちゃんの体重が増えやすい傾向にあります。しかし、**赤ちゃんの体重が発育曲線（→P134）を大きく上回っているような場合でも、1歳近くになり運動量が増えてくると、やがて標準の範囲内に落ち着くことが多いものです。**

標準より太っている場合でも、母乳でも粉ミルクでもほしがったときにほしがるだけあげてかまいません。**太っているリスクよりも、制限するリスクほうが高い**からです。

なかには赤ちゃんの体重を気にして、粉ミルクを薄くしたり濃くしたりする人がいますが、水中毒《みずちゅうどく》や脱水症状を起こす危険がありますので、必ず規定の分量で調乳しましょう。

18 授乳は必ず3時間あけないといけないのでしょうか？

産院で「3時間は必ずあけるように」っていわれたんです。でも、おなかをすかせて泣いているとかわいそうで。どうしてダメなんでしょうか？

粉ミルクは腹もちがいいっていうけど、粉ミルクも母乳も同じく3時間あけないとダメなのかしらね。なにか体に悪いのかしら？

「赤ちゃんがほしがったらあげる」が基本

産院などでは、授乳は「3時間おき」と指導されることが多いようです。とくに粉ミルクの場合は「3時間以上時間をあけないとダメ」といわれる場合も。しかし目安なのでこだわる必要はないでしょう。

粉ミルクは胃に負担がかかるという人がいますが、**胃に入ったものが半分になる「半減期」を調べた研究によると、母乳では47分、粉ミルクだと65分かかった**そうです[※1]。たしかに粉ミルクのほうが消化にかかる時間は長いのですが、**胃に負担がかかるというほどの差ではない**でしょう。

母乳でも粉ミルクでも「ほしがったときにほしがるだけあげる」とい

粉ミルクも母乳と同じ ほしがるときにあげてOK

「３時間以上あけなくては」と時間にこだわらずに、ほしがるときにあげてかまいません。

う**自律《じりつ》哺乳《ほにゅう》が授乳の基本**です。飲んだあと2時間くらいでほしがる赤ちゃんもいれば、5時間ほど眠ってしまう赤ちゃんもいます。胃の大きさも飲みかたもそれぞれですので、赤ちゃんがほしがったらほしがるだけ、あげるようにしましょう。

「ほしがったら」というのは赤ちゃんが泣いたときにかぎりません。おなかがすくと、手を口にやったり、乳房を探すようなしぐさをしたり、落ち着かない様子をみせることがあります。時計ではなく、赤ちゃんをよく観察するといいでしょう。

赤ちゃんが眠っていて授乳ができないときは無理に起こさないで大丈夫。母乳の場合は、乳房が張るときに乳首を口元にもっていくと寝たまま飲んでくれることもあります。

※1：水野克己、水野紀子『母乳育児支援講座』南山堂p134

知っておきたいいまの常識

19 赤ちゃんに哺乳びんをもたせてひとりで飲ませるべきでしょうか？

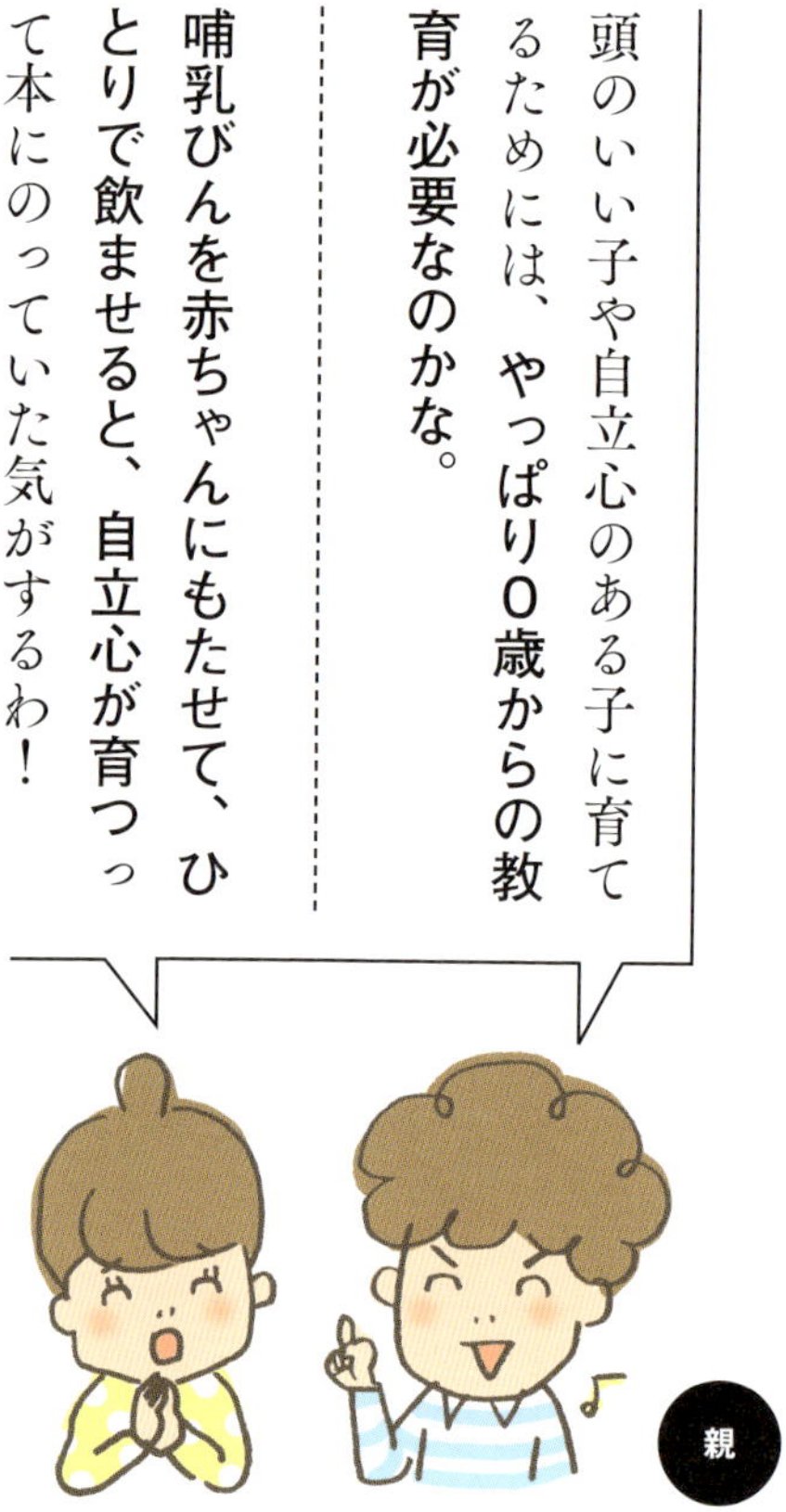
頭のいい子や自立心のある子に育てるためには、**やっぱり0歳からの教育が必要なのかな。**
哺乳びんを赤ちゃんにもたせて、ひとりで飲ませると、自立心が育つって本にのっていた気がするわ！
親

気管に入る危険性があるのでやめましょう

自立心を育てるために、赤ちゃんが哺乳びんをもてるようになったら、自分でもたせて飲ませたほうがいいという人がいるようです。そのため「いつになったら哺乳びんをもてるようになるの？」「練習をさせたほうがいいの？」など心配する声を聞くことがあります。

しかし、**赤ちゃんに哺乳びんをもたせる必要はありません。それどころか、誤嚥《ごえん》の可能性があるので危険です。**粉ミルクが赤ちゃんの喉に詰まって窒息したり、気管支に入ったりすると気管支炎や肺炎になるおそれもあります。また、哺乳びんの傾けかたが悪いと赤ちゃんの胃に空気がたくさん入ってしまいます。おと

哺乳びんはおとながもって飲ませましょう

赤ちゃんに哺乳びんをもたせてミルクを飲ませるのは、誤嚥の危険性があります。とくに首のすわっていない赤ちゃんは自分で身動きがとれないので危険です。

ながもって飲ませましょう。

赤ちゃんが哺乳びんをもてるようになると、「もうこんなことができるようになったんだ」と成長を実感して、親や祖父母はうれしいかもしれません。

寝返りやはいはい、おすわりなど赤ちゃんの発達についても、親や祖父母は「もう寝返りができるようになった」「なかなかはいはいをしない」などと一喜一憂しがち。

しかし、**赤ちゃんの発達にはそれぞれ個人差があるもの。生活をしていくなかで時期がくれば自然とできるようになります。特別、訓練するような必要はありません。**あまりあせらずに見守ることも大切ですよ。

知っておきたい
いまの常識

20 果汁は離乳食をはじめる前に飲ませたほうがいいのでしょうか？

私のときは離乳食前に果汁を飲ませたり、早くいろいろな味を体験させたほうがいいって習ったけど。たしか、母子手帳にも書いてあったわ。

病院で聞いた離乳食についての話では、果汁を飲ませたほうがいいとはいわれなかったわ。でも、あげたほうがいいのかしら。

離乳食前は、母乳か粉ミルクのみでOK

祖父母のなかには、赤ちゃんが3、4カ月ごろになると「そろそろ果汁を飲ませたほうがいいのでは？」と思う人がいるかもしれません。しかし、**最近は離乳食をはじめる前の赤ちゃんに果汁を飲ませる必要はないとされています。**

少し前までは、生後3カ月ごろから果汁を飲ませるよう指導されており、母子手帳の生後3～4カ月の欄には「薄めた果汁やスープを飲ませていますか」と記されていた時期もありました。

しかし、**2007年、厚生労働省により「離乳食前の赤ちゃんにとって最適な栄養源は母乳や粉ミルクであり、果汁は必要ない」と発表され**

離乳食開始前に与えるのは母乳や粉ミルクだけでOK

離乳食開始前の赤ちゃんは、母乳や粉ミルクから栄養をとることが大切。ほかのものを与えると母乳や粉ミルクが十分に飲めなくなり、栄養不足になってしまうことがあります。

果汁

以前は果汁を与えていましたが、現在は与える必要はないとされています。

おふろ上がりの白湯

水分補給に白湯は必要ありません。母乳や粉ミルクを飲ませましょう。

イオン飲料や野菜スープなど

離乳食前にいろいろな味に慣れさせる必要はありません。

ました。「果汁を与えることで母乳や粉ミルクを飲む量が減り、栄養不足をまねく」とされています※1。

また、日本に先立ってアメリカ小児科学会でも、果汁は生後6カ月未満の赤ちゃんには栄養学的な利益はなく「飲ませるべきではない」としています※2。

このようなことから、現在は離乳食をはじめる前の赤ちゃんに果汁は必要なく、むしろ与えないほうがいいと考えられています。

白湯《さゆ》や野菜スープ、イオン飲料についても、離乳食開始前は与える必要はありません。なにより**母乳や粉ミルクから十分に栄養をとることが大切**だからです。与えていけないわけではないので、飲ませたい場合は50mℓ程度の少量にしましょう。

※1：厚生労働省『授乳・離乳支援ガイド 離乳編』
※2：アメリカ小児学会『果汁を与えるリスクと適切な摂取方法についての勧告』

知っておきたい
いまの常識

21 離乳食のスタートは早め、遅めのどちらがいいのでしょうか？

いまは5～6カ月ごろにあげるのね。私のときは4カ月ごろだったけど、それくらいにあげたほうがいいんじゃない？

早めたほうがいいんですかね。でも、遅ければ遅いほど、アレルギーの心配が減ると聞いたこともあります。

早すぎても遅すぎてもNG 5～6カ月ごろにスタート

離乳食の開始が早すぎると、スプーンを口に入れても赤ちゃんがうまく食べられないことも。生後5カ月ごろまでの赤ちゃんには口に入ったものを舌で押し出す「提舌反射《ていぜつはんしゃ》」があるからです。

かといって**遅すぎると、母乳や粉ミルクだけでは、成長期の赤ちゃんに必要なタンパク質、脂質、ビタミン類、鉄・カルシウム・亜鉛などのミネラル類が足りなくなるおそれが**あるのでよくありません。

また「離乳食の開始を遅らせるとアレルギーが予防できる」あるいは「1～2歳までは母乳だけで育てるとアレルギーにならない」といった説がありますが、これは間違った情

離乳食に関するQ&A

進めかたがわからなかったり、赤ちゃんが食べてくれなかったりと
離乳食には悩みがつきものです。
よくある質問を紹介します。

Q 食べてくれないときは、無理にでも食べさせたほうがいい？

A 無理に食べさせるのはよくありません。「食べることは楽しいこと」と思わせるような雰囲気づくりが大切です。泣いているときは少し授乳してからあげると食べる場合も。同年代の赤ちゃんが食べているところをみせると刺激になることもあります。

Q 小麦や卵、牛乳などはアレルギーが心配なので遅めがいい？

A 与えはじめる時期を遅らせたり、除いたりしても、アレルギーの発症は予防できないことがわかっています。むしろ遅くしすぎると、アレルギーを起こしやすくなるという報告があります。

Q お母さんが大変そうだからほかの人がかわりにつくってあげてもいい？

A どんな食べものをどんな形状であげているか、必ずお母さんに確認しましょう。アレルギーの心配もあるので、自己判断で勝手にあげるのは危険です。

Q 月齢にあわせたかたさでつくっているのに食べてくれないのはなぜ？

A 赤ちゃんにも好みがあります。なめらかにしたり、水分を減らしたり、粒を残したりして、気に入る調理法を探ってみましょう。

報です。

厚生労働省の離乳のガイドラインでは、生後4カ月までに離乳食を食べた場合と、食べなかった場合を比較すると4歳、10歳までの慢性湿疹《まんせいしっしん》が多かったとしています。より早い生後12～15週までに離乳食を開始した場合も湿疹や喘鳴《ぜんめい》（ぜいぜいという呼吸音）が増えたそうです。

ほかの研究では、卵や牛乳の開始を遅らせたことで5歳半の湿疹のリスクが高くなるという報告もあります。早すぎても遅すぎてもアレルギーが起こりやすくなる可能性があるのです。

離乳食の開始は生後5～6カ月ごろが適当で、これより早めたり遅らせたりしないようにしましょう。そして、いろいろな食材を与えましょう。

知っておきたい
いまの常識

22 食物アレルギーが出やすい食品はどのようにして与えればいいでしょうか？

今度、孫たちが遊びにくるときにごはんをつくってあげたいんだけど、なにがいいかしら。**最近は食物アレルギーが多いって聞くし。**

食物アレルギーなんて好き嫌いかと思っていたよ。母親がいちばん知っているんだろうから、聞いてみたほうがいいだろうな。

遅らせたり取り除いたりせずに適切な時期に与えましょう

いま、10～20人にひとりの子どもが食物アレルギーと診断されています。アレルギーが出やすい食品は、0歳児では卵がもっとも多く約62%、牛乳が約20%、小麦が約7%。1～3歳ではピーナッツ、甲殻類、果物類などが増えていきます※1。

これらの食材はなるべく遅く与えたほうがいいと思っているお母さんが多いようです。しかし、**摂取する時期を遅らせたり、除去したりすることでアレルギーの発症は予防できません**※2。イギリスの研究グループが640人の赤ちゃんを対象にピーナッツアレルギーについて調べた研究では、ピーナッツを食べさせたグループのほうが除去したグループよ

食べものをあげるときに知っておいてほしいこと

子どもを喜ばせたくて、おいしいものやおやつをあげたくなるものですが、もしアレルギーがあったら大変です。

勝手に食べものをあげない

いろいろなものを食べさせたくなるものですが、アレルギーを起こす食材が入っていたら大変なので、必ずお母さんに確認しましょう。

食物アレルギーは好き嫌いではありません

ときどきアレルギーで食べられないものがあると「わがまま」だと勘違いをしてしまう人がいます。好き嫌いという気持ちの問題ではないので注意してくださいね。

病院や母親の方針を確認しましょう

お母さんは食べる量や時期を考えながらあげているはずなので、必ず確認を。あわせて病院の方針も聞いておくといいでしょう。

ちょっと注意!

少量でも食べていいかどうかの判断基準とは?

アレルギーの心配がない場合

アレルギーと診断されていない食材については、そんなにこわがる必要はありません。念のため、お母さんに聞いてから食べさせましょう。

強いアレルギー反応がある場合

アレルギーと診断されている場合は、たとえ少量でも与えないで。アナフィラキシーショックを起こすと、じんましんや意識障害、呼吸困難など強い反応がみられます。命の危険があるので注意しましょう。

りむしろアレルギーは減ったという結果が出ています※3。

また、アレルギーは肌にふれることによっても起こりますが、食べて消化管を介するほうが発症しにくいともいわれています※4。

このようなことから、**アレルギーが出やすい食品でも適切な時期に与えるのがいいでしょう。ただし、アナフィラキシーショックなど重篤《じゅうとく》な症状を起こしたことがある場合は別**です。少量でも命を落とす危険があるので、必ず親に確認を。

アレルギーが出やすい食品を食べさせるのが心配なら小児科を受診できるよう、平日の午前中に、まずはひとさじからはじめて。アレルギーの症状は1〜2時間以内に出ることが多いもの。もし症状が出たら小児科を受診しましょう。

※1：日本小児アレルギー学会『食物アレルギー診療ガイドライン2012』 ※2：成田雅美『チャイルドヘルス』vol.14 no8 2011 p1457-1461 ※3：The NEW ENGLAND JOURNAL of MEDICINE『Randomized Trial of Peanut Consumption in Infants at Risk for Peanut Allergy』※4：栗原和幸『食べて治す食物アレルギー　特異的経口耐性誘導(SOTI)』診断と治療社2010

知っておきたい
いまの常識

23 子どもにあげるときに気をつけたほうがいい食べものはありますか？

はちみつを1歳未満に食べさせたらダメなんだって。栄養価が高いし、子どもも食べやすいだろうと思って取り寄せたんだけど。

あめやプチトマト、うずらの卵などの**丸いものも誤嚥《ごえん》の原因になる**っていうし、なにをあげたらいいのか、不安だわ。

食中毒や喉に詰まるリスクがあるものに注意

子どもに与えるときに注意したいのは、**アレルギーが出やすい食べもの（→P66）、生ものなど食中毒が心配なもの、無機ヒ素やヨウ素など成長期にとりすぎるとよくない成分が含まれているもの、あめやこんにゃくなど誤嚥《ごえん》や窒息のリスクが高いもの**です。

食品添加物や農薬をつかった野菜などは、体に悪いと避けられがちですが、それほど心配する必要はありません。

子どもの食事に関しては神経質になるお母さんも多いものです。お母さんの考えかたを尊重し、食べものを与えるときには必ず相談して、トラブルを回避しましょう。

子どもにむかない食品とは

子どもが小さいうちは、食べさせないほうがいいものもあります。「これくらいならいいだろう」などと思わず、適切な食べものを与えるように心がけて。

誤嚥や窒息のリスクが高いもの

あめ、ナッツ類、豆類、プチトマト、もち、こんにゃく、こんにゃくのゼリーなど、噛み砕きにくいもの、気管につまりやすいもの、固かったり粘性の高かったりするものは、誤嚥や窒息などによって命を落とす危険があります。大きくなるまで与えない、与えるときは細かくするなど工夫を。

成長期によくない成分が含まれているもの

ひじきは鉄分が豊富ですが、無機ヒ素という健康によくない成分も含まれています。また、海藻にはヨウ素が多く含まれており、とりすぎると甲状腺の機能に影響します。ひじきや海藻は毎日のように食べさせないようにしましょう。

食中毒の危険が高いもの

刺身などの生ものは食中毒の危険があるので、3歳までは食べさせないほうが無難です。また、土がついている野菜はボツリヌス菌などの心配があるので生では食べさせないようにしましょう。ボツリヌス菌《きん》芽《が》胞《ほう》はハチミツにもいます。1歳まではあげないようにして。

さらに詳しく

こんなものは心配しすぎないでOK

野菜に残る農薬

厚生労働省では、食品に含まれる残留農薬が、私たちの健康に害を及ぼさないように厳しい残留基準を設定しています。農林水産省ではその基準にそって、毎年調査をして公表し、不適切な使用があった場合は指導しています。農薬をむやみにおそれる必要はありません。また、農薬を適切につかうことで野菜の安全性が高くなります。オーガニックの食品は雑草やカビの毒など、天然の有害物質による汚染が多いのも事実です。

食品添加物や化学調味料

食品添加物は製造の過程で、加工や保存の目的で使用するものです。1日の許容摂取量をもとに安全な使用量を決めてつかわれていますので、あまり心配する必要はありません。化学調味料については、以前アメリカの実験で「うまみ調味料が危険」だといわれたことがありましたが、これは実験のやりかたが適切ではなかったためでした。本来のつかいかたをすれば決して危険なものではありません。

牛乳・白砂糖・白米

牛乳はカルシウムが不足しがちな日本人にはいい食材です。最近、「牛乳を飲むとかえってカルシウムが減る」という話を耳にしますが事実ではありません。白砂糖は「血糖値を急激に上げ下げするためキレやすくなる」という話がありますが、これも間違い。白米より玄米がいいという話もあります。白米に精米するとビタミンB1が減ってしまうことはたしかです。ただ玄米は子どもにとって消化が悪く、天然の無機ヒ素がふくまれているため、毎日のように与えるのもよくないので気をつけて。

知っておきたい
いまの常識

24 赤ちゃんの肌でも保湿などのスキンケアは必要なのでしょうか？

親

赤ちゃんの肌はできたてできれいですよね。でも、すぐにできものができるし、傷もつくりやすいですね。

本当ね。**赤ちゃんの肌って、実はよく見ると荒れていることも多い**わよね。うちの子たちも、肌がガサガサになってしまったことがあったわ。

祖父母

肌のバリア機能を守るためにはスキンケアを

赤ちゃんの肌はまるでむきたての卵のようにつるつるすべすべで、保湿などのスキンケアなんていらないと思いがち。しかし、**赤ちゃんにもスキンケアは必要**です。

スキンケアは肌のバリア機能を守ってくれます。肌のバリア機能とは、肌の表面が水分や皮脂を蓄え、外部からの異物の侵入を防ぐ役割のこと。肌荒れは、表面の水分や皮脂が失われてバリア機能がこわれている状態です。乳幼児によくみられる**アトピー性皮膚炎《せいひふえん》の一部は、バリア機能がこわれることで起こると考えられています**※1。

また、**食物アレルギー発症の原因にも**なります。荒れた肌に食べもの

スキンケアに関するQ&A

肌荒れをそのままにしておくと、アトピー性皮膚炎の原因や、アレルゲンが皮膚から入ってアレルギー症状を引き起こす場合があります。スキンケアをして肌のバリア機能を守ってあげましょう。P139にもスキンケアを紹介しています。

Q 赤ちゃんがかかりやすい湿疹にはどんなものがあるの？

A 乳児湿疹の代表的なものには、新生児座瘡《しんせいじざそう》や脂《し》漏性湿疹《ろうせいしっしん》があります。いちばん多いのが新生児座瘡で、産まれてから生後２カ月ごろまでに、主に顔に赤いブツブツができます。脂漏性湿疹は生後数週間から数カ月の間に、主に頭部にでき、肌が赤くなったり黄色いかさぶたができることもあります。きれいに洗って保湿すると自然によくなることが多いです。

Q 肌がかさついているときの対処法は？

A 肌が粉をふくほどかさつく場合は洗いすぎが原因になっている可能性が。石けんをつかうのは毎日ではなく２〜３日おきにしてみて。おふろあがりはローションやクリーム、ワセリンなどで保湿するといいですね。

Q 保湿剤をぬるタイミングは？ 1日に何回ぬればいいい？

A 保湿剤は１年を通してぬったほうがいいでしょう。とくに乾燥が気になる季節に、おふろあがりだけではなく、離乳食の前後や、寝る前など１日に何回かぬりましょう。おふろあがりに、すぐぬらなくても効果はあるので慌てなくても大丈夫ですよ。

がくっつくことで、そこからアレルゲンが侵入するのです。アレルゲンは腸から吸収されるより、皮膚にふれたときに引き起こされる反応のほうが危険だといわれています。

では、肌のバリア機能を守るためにどんなスキンケアをしたらいいのでしょうか。**基本は汚れを落として保湿すること。**古くなった保湿剤や角質は石けんをつかってやさしく洗いましょう。洗ったあとはしっかり保湿。保湿剤にはローションやクリームなどさまざまなものがありますが、白色ワセリンは水分を閉じこめやすく、目や口に入っても害がないのでおすすめです。

市販のものを買ってもいいし、小児科や皮膚科で赤ちゃんに合ったものを処方してもらえます。

※１：理化学研究所『アトピー性皮膚炎モデルの原因遺伝子を解明』

知っておきたい
いまの常識

25 おむつかぶれになったら どのようにケアすれば いいのでしょうか？

私は布おむつをつかっていたから、よくおむつかぶれになっていたわ。いまの紙おむつは通気性がいいのね！　うらやましいわ。

でも、まだよくおしっこやうんちをするので、**気がつくとおしりが真っ赤になっているんです。**じょうずにケアしてあげたいんですけど。

おしりをこすらず 清潔に保つこと

おむつかぶれを起こすと、おしりが赤くなったり湿疹ができたり、悪化するとジクジクして皮がむけてしまうこともあります。

おむつかぶれはどのようにして起こるのでしょうか。赤ちゃんがおしっこやうんちをすると、おむつのなかの湿度が上がり、肌がふやけます。そのふやけた肌におしっこやうんちがつくと、そのなかに含まれる細菌やアンモニアが刺激となってかぶれるのです。赤ちゃんの肌はおとなより薄く、肌を守る皮脂の分ぴつも少ないのでデリケートなのですね。

おむつかぶれになった場合は、できるだけ早く汚れを落とすことが大切。シャワーで洗い流すのがいちば

おむつかぶれをしないためのおむつ替えのしかたは？

月齢が低い時期はおむつ替えがひんぱんにあります。お母さんだけでは大変なので家族で協力しましょう。

まずは
おむつかぶれの
予防を
へーいまは
こういうのなのね

新生児のころは、布おむつよりも吸収力や通気性がいい紙おむつのほうがおすすめです。

替えてみてください
よーし

おしっこやうんちに気づいたら早めにおむつを替えましょう（→P138）。

おむつかぶれに
なってしまったら

シャワーなどのぬるま湯で洗い流して。こすらないようにやさしく。

きれいなうちに
ぬるわね

汚れをきれいに落としたら、ワセリンなどの保湿剤を塗って、肌を保護します。

んですが、難しい場合は霧吹きをつかったり、ぬるま湯を含ませた脱脂綿でやさしくふいて。ごしごしこすって肌を刺激するのは禁物です。洗ったあとはタオルで軽くおさえるようにして水気をふき取り、ワセリンなどをぬって肌を保護します。症状がよくならない場合は、小児科や皮膚科で薬をもらいましょう。

また、おしりや太もものシワの奥が赤くなっている場合は、カンジダ症（カンジダ菌が増えてかゆくなる病気）かもしれません。

おむつかぶれを予防するには、おむつをこまめに替えて清潔に保つことが大切です。月齢が小さいうちはおしっこやうんちをひんぱんにするので、布おむつよりも吸収性や通気性のいい紙おむつがおすすめです。

知っておきたい
いまの常識

26 赤ちゃんは毎日おふろに入れるべきでしょうか?

すやすやとよく寝てるなぁ。そろそろおふろの時間だろう。起こして入れたほうがいいのかな?
やっと寝たところなのに、起こすのはかわいそうね。でも、**毎日おふろに入れたほうがいいのよね。**
祖父母

毎日おふろに入れなくても大丈夫

赤ちゃんをおふろに入れるいちばんの目的は、体を清潔に保つことです。あせもやおむつかぶれなどの肌トラブルを起こさないように、体の汚れを落としてあげることが大切です。

ぬるめのお湯にゆっくりつかるとリラックスしてよく眠れるようになるなど、おふろにはメリットがたくさんあるので、できることなら毎日入れてあげたいものですね。

お母さんのなかには、自分が風邪をひいて具合が悪いときや、腱鞘炎《けんしょうえん》で抱っこするのがつらいときなどでも、毎日おふろに入れなくてはいけないとがんばっている人も多いようです。

赤ちゃんのおふろの悩み2トップ

多くのお母さんが疑問に思っているふたつの問いにお答えします。

1 ベビーバスはいつまで？

「赤ちゃんをおとなといっしょにおふろに入れるのは生後1カ月をすぎてから」といわれることがあります。現代のおふろは清潔で感染症の心配はほぼないので、生後1カ月を待たずに入れても問題ありません。ただ、お母さんは1カ月健診まで湯船につかれないことが多いので、おとなといっしょに入れたい場合は家族が代わってあげましょう。また、ベビーバスのほうがつかいやすければ、いつまでつかってもかまいません。

2 熱があるときのおふろは？

風邪をひいたときや熱があるときでも、赤ちゃんが元気ならおふろに入れても大丈夫。ぬるめのお湯に短時間つからせるようにしましょう。長湯をさせると体が疲れてしまい、体内に熱がこもるうえ、脱水症状を起こす可能性も。湯冷めしないようにと赤ちゃんに厚着をさせる人がいますが、これも同じ理由でよくありません。昔は「体をあたためてたくさん汗をかかせると熱が下がる」といわれていましたが、間違いです（→P106）。

でも、**たまには赤ちゃんをおふろに入れられない日があっても大丈夫。**赤ちゃんが汗だくになったり、体の汚れが気になるときにはシャワーで洗い流したり、ぬらしたタオルで体をふいてあげるだけでもOKです。

また、赤ちゃんが眠ってしまったりして、おふろに入れるタイミングを逃してしまうこともありますが、無理に起こす必要はありません。**それほど汚れていないのであれば、翌日入れてあげましょう。**

赤ちゃんをおふろに入れることは、お母さん以外の人ができるお世話のひとつ。ぜひ祖父母やお父さんが代わりにやってみて。そうすると、お母さんがひとりでゆっくりおふろに入れます。出産以来、片時も赤ちゃんと離れずに過ごしているお母さんにぜひ休息の時間を。

知っておきたい
いまの常識

27 女の子だから便秘になりやすい 男の子だから下痢になりやすいということはありますか？

うちの弟はよくおなかをこわして、トイレに行っていました。**男の子って、下痢になりやすいんでしょうか？**

反対に、**女の子は腹筋が弱いから便秘になりやすいって聞いたことがあるわ。**男女によって違いがあるのかしら。

赤ちゃんのうちは男女差はないでしょう

「女の子は便秘になってもしかたない」とか「男の子はすぐに下痢をする」といった話を聞くことがあります。しかし、**赤ちゃんのころは性ホルモンの働きが活発ではないのでそこまでの男女差はない**でしょう。

それよりも、赤ちゃんの便秘については少し注意が必要です。まだ排便の習慣がきちんとできていない赤ちゃんの便秘をほうっておくと、くせになってしまうことがあるのです。

うんちが出なくても母乳や粉ミルクを吐いたりしなければ2～3日は様子をみてもいいですが、それ以上出ないときには綿棒浣腸やグリセリン浣腸をして週に3回程度は出すようにしましょう※1。浣腸でも出ないときは小児科を受診してください。

下痢については、月齢が低い赤ちゃんはうんちの水分を吸収する機能が未熟なため、1回の量が少なくやわらかいうんちが出るものです。異常や病気ではないので心配いりません。とくに母乳だけの赤ちゃんや母乳が多い混合栄養の赤ちゃんはうんちがゆるいことが多いものです。

下痢で心配な症状は、うんちをするたびにおなかが痛そうにする場合や、下痢に嘔吐《おうと》をともなう場合、食欲がなくなる場合、そして白い便や血便が出た場合です。下痢による脱水症状（尿の量が減る、肌やくちびるが乾燥する、目が落ちくぼむ）がみられる場合も小児科を受診しましょう。

便秘になったら試してみること

赤ちゃんの便秘はほうっておくとくせになってしまうことも。浣腸をして週に3回程度はうんちを出すように習慣づけましょう。

綿棒浣腸のしかた

綿棒はおとな用でOK。先をほぐす必要はなく、そのままつかってください。授乳直後や離乳食直後でなければいつ行っても大丈夫です。

1 新聞紙やおむつなどを敷いた上に、赤ちゃんを仰向けに寝かせる
2 ベビーオイルやワセリンなどを綿棒の先端につけ、肛門をやさしくつつく
3 うんちやおならが出ない場合は、綿棒を1～2cmほど肛門に入れてゆっくり円を描くように大きく動かす
4 3～4周したら綿棒を抜いておむつをする

グリセリン浣腸のしかた

綿棒浣腸で出ない場合は、グリセリン浣腸を試してください。浣腸はくせになりませんので、こわがらずにトライを。

● 1歳未満
仰向けに
寝かせた姿勢

1回の使用量
…10mℓ前後

● 1歳以上
横向きに
寝かせた姿勢

1回の使用量
…10～30mℓ

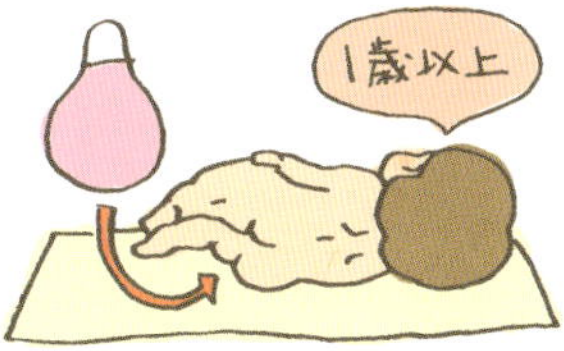

1 容器を40度くらいのお湯に入れて体温近くまであたためる
2 新聞紙やおむつなどを敷いた上に、赤ちゃんを寝かせる
3 ワセリンやベビーオイルなどを、挿入する容器の先と赤ちゃんの肛門にぬる
4 容器のノズルがみえなくなるくらいまで肛門へ入れ、少しずつ容器を押して液を注入する（半量の場合は、容器を1回押したら、そのまま手を離さずに肛門から抜く。そうすると、半量入ったことになる）
5 ゆっくり容器を抜いて、肛門をティッシュなどで少しの間おさえてしばらくがまんさせる
6 すばやくおむつをする

※1：小児慢性機能性便秘症診療ガイドライン作成委員会

知っておきたい いまの常識

28 女の子のほうが男の子より言葉を話しはじめるのが早いのでしょうか？

双子なのに、**女の子のほうが問いかけにこたえるような仕草**をしたり、お返事をしてくれるような気がします。女の子のほうが早いんでしょうか？

こっちの**男の子のほうは、のんびりおおらかな感じ**がするわね。女の子はおしゃまさんっていうし、違いがあるのかしら。

性差はややありますが個人差が大きいもの

言葉を話しはじめるのは男の子よりも女の子のほうがやや早い傾向にあります。しかし、**男女差だけでなく個人差もあります。多少遅くてもあまり気にしなくていいでしょう。**

90％の子どもが1歳6カ月で「ママ」「パパ」以外に3語以上の言葉を話すといわれています※1。たとえ言葉が出る時期が遅くても、**おとなの言葉を理解しているなど子どもの行動に問題がみられない場合は、徐々に言葉が増えていき、たいてい2歳半〜3歳ごろまでにはほかの子と同じくらいまで話せる**ようになるでしょう。

ただし、子どもの言葉の遅れで見逃してはいけないポイントが3つあ

言葉の発達は個人差も大きいものです

言葉の発達が早いか遅いかは、親や祖父母にとっては気になる問題でしょう。しかし多少話しはじめるのが遅くても後々問題になることはありません。言葉の発達だけではなく、言葉が理解できているか、コミュニケーションがとれているかなどの行動にも注目して見守っていきましょう。

9〜11カ月ごろ

これまでは「アー」「ウー」など母音だけだったのが、「バー」「ブー」といった子音を含む声を出すようになったり、「マンマンマー」など同じ音を繰り返したりするようになります。

10〜12カ月ごろ

「ママ」「マンマ」「パパ」「ワンワン」「ブーブ」など意味のある言葉が1語出るようになります。

1歳半ごろ

単語の数が増え、「ママ」「パパ」以外に3語以上の言葉を話すようになります。

2歳ごろ

「ママ、きた」など主語と述語のある二語文が出るようになります。

ります。

ひとつめは「耳の聞こえに問題はないか」ということ。言葉の遅れは耳の聞こえが悪いことが原因の場合も。先天的な難聴だけでなく、中耳炎を繰り返すと耳が聞こえにくくなる可能性があるので注意しましょう。

ふたつめは「精神発達に遅れはないか」ということ。たとえば「ねこはどこ?」といったときに指差しができないなど、言葉が理解できていない場合があります。

3つめは「自閉的なところがないか」ということ。視線が合わない、人への関心が少ないといった様子がみられる場合、自閉的な傾向が疑われます。もし、どれか当てはまるようなら小児科や保健センターに相談を。これらは早期に見つけて対処してあげることが大切です。

 ※1：中川信子『健診とことばの相談』ぶどう社1998年

知っておきたい
いまの常識

29 キスや口うつしで赤ちゃんに虫歯菌がうつるのでしょうか？

赤ちゃんにキスをしたら、赤ちゃんに虫歯菌がうつるって本当かい？ そういう理由なら、歯が生える前だったらいいのかな？

私が子育てをしていたときは、私のごはんを赤ちゃんがほしがるから、**そのまま私の食器からあげていた**けど、これもよくないみたい。

虫歯菌以外にもピロリ菌や風邪のウイルスもうつります

昔は、親が噛み砕いた食べものを離乳食がわりに赤ちゃんに与えることがよくありました。しかし、最近は赤ちゃんに虫歯菌をうつさないように気をつけているお父さんお母さんも多く、口へのキスや食べものの口うつしだけでなく、スプーンやコップなど食器の共有も避ける人が大半です。

実際に、**虫歯菌はうつります。**赤ちゃんの口のなかには、もともと虫歯菌はなく、まわりの人の唾液《だえき》から感染することがわかっています。

日常生活のなかでどんなに気をつけていても、虫歯菌の侵入を完全に防ぐことは難しいものです。大切なのは、**歯が生えたら歯みがきなどで**

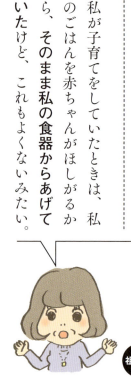

いまのお父さんお母さんの感覚を尊重しましょう

虫歯菌は唾液から赤ちゃんに感染することがわかっているので、いまでは口へのキスや食べものの口うつし、食器の共有などはあまりしません。虫歯菌だけでなくピロリ菌や風邪などのウイルスも唾液で感染するのでやめておきましょう。

きちんとケアをして、口のなかの虫歯菌を減らすこと。そうすれば、たとえ虫歯菌に感染してしまっても虫歯は予防できます。

だからといって**口へのキスや食べものの口うつし、食器の共有はやめておきましょう。唾液によって虫歯菌だけでなくピロリ菌などの細菌や、風邪・口唇ヘルペスなどのウイルスが感染する可能性**もあるからです。

また、口へのキスや食べものの口うつしを生理的に苦手と感じる人も多いですが、なかなか「やめて」とはいいにくいものです。

自分がつかったコップやスプーンで、飲みものや食べものを赤ちゃんに与えないようにする、一度口をつけた食べものはあげないようにするなど、積極的に協力しましょう。

知っておきたいいまの常識

30

虫歯にさせないための予防・対策はどうしたらいいですか？

できれば一生、自分の歯で過ごさせてあげたいわ。甘いものはあんまりあげないほうがいいのよね。
おやつに甘いものをあげたくなるけど、ダメなんだな。歯は大事だから、虫歯にさせないためになにをしたらいいのかな。。
祖父母

毎日の歯みがきと正しい食生活が大切

赤ちゃんを虫歯にさせないためには、毎日の歯みがきが大切です。まずは歯が1本でも生えてきたら、寝る前にガーゼなどでふいてあげましょう。歯が増えてきたら歯ブラシをつかいます。デンタルフロスをつかうと歯と歯の間の汚れがよくとれますし、フッ素をぬるのもおすすめ。

そして歯医者さんで定期的にみてもらいましょう。歯の凸凹を埋めるシーラントという方法も虫歯予防に効果があります。

お菓子などに入っている砂糖（ショ糖）は虫歯の原因になります。虫歯予防のためにお菓子を避けているお母さんも多いので、食べものを与えるときはお母さんに確認を。

「フッ素」は
虫歯予防に効果的です

生えて間もない歯は、まだ十分にかたくなっていないため、虫歯になりやすいものです。フッ素は歯をかたくするので虫歯予防に効果的。「フッ素は体に悪い」という話を耳にすることがありますが、それは常識外に大量摂取した場合です。歯みがき剤に含まれていたり、歯医者さんで塗布したりするような、虫歯予防でつかわれる程度の量なら安全です。ただし、フッ素をぬったからといって虫歯にならないわけではありません。歯みがきの習慣や正しい食生活を心がけて。

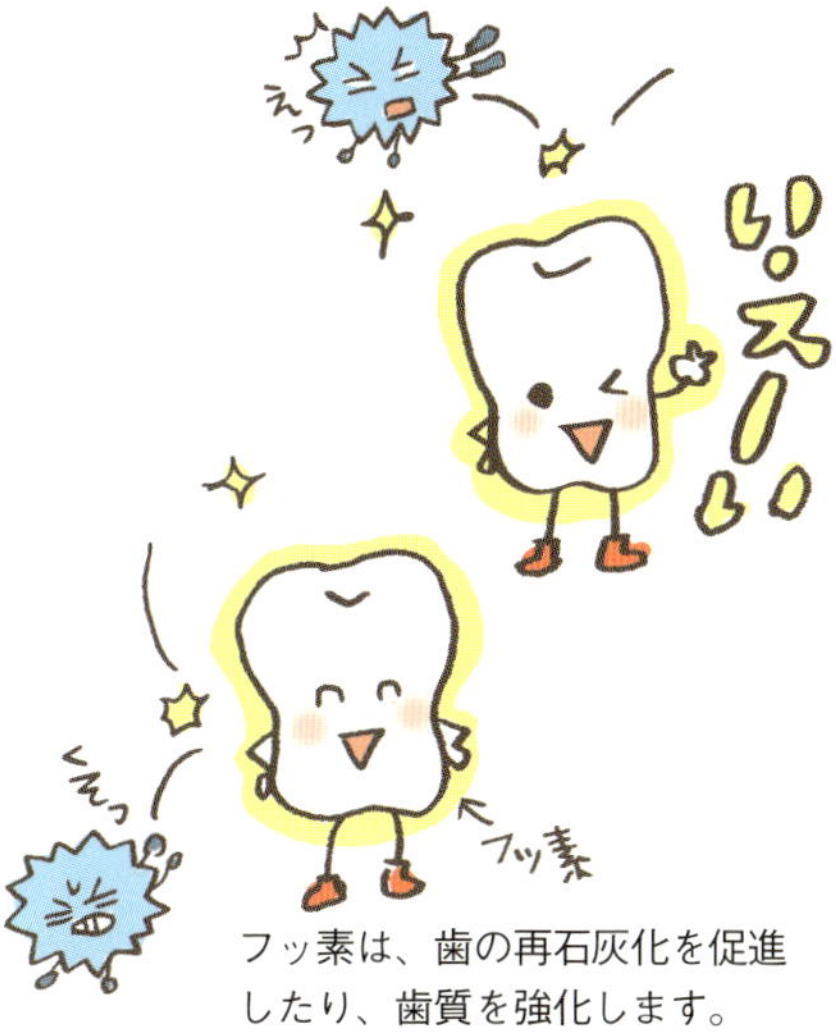

フッ素は、歯の再石灰化を促進したり、歯質を強化します。

さらに詳しく

歯みがきのしかたをマスターしよう！

乳歯が生えはじめたら歯みがきをはじめます。歯みがきが苦手な赤ちゃんは多く、苦戦しているお母さんも多いでしょう。たまに祖父母がかわりにみがいてあげると、母子ともに気分転換になるのではないでしょうか。

乳歯がはえたら歯みがきスタート。はじめはガーゼでやさしくふいてあげるだけでOK。口のなかをふれられることに慣れたら、次は乳児用の歯ブラシで歯にふれる練習を。

膝の上に赤ちゃんの頭を乗せて、仰向けにしてみがきます。キレイにみがくことに夢中になりがちですが、やさしく話しかけたり、歌ったりして、笑顔で楽しくみがくことが大切です。

ひんぱんに抱っこすると「抱きぐせ」がついてよくないのでしょうか？

赤ちゃんが泣いてすぐに抱っこしたら、**「抱きぐせがつくからダメよ」っていわれた**ことがあります。くせがついたらよくないんでしょうか。

でも、大きくなってみると、抱っこをせがむ時期なんてあっという間よ。いまになって、もっと抱っこしておけばよかったって思うわ。

安心感のなかから自立する心が育ちます

ゴリラやチンパンジーなどの類人猿の赤ちゃんはいつもお母さんにぴったりとくっついています。ほかにも多くの哺乳類《ほにゅうるい》が赤ちゃんの時期をお母さんと片時も離れずに過ごすものです。人間だけがそうしてはいけないということはないでしょう。

昔は「抱きぐせがつく」「甘えた子になる」という理由から、赤ちゃんが泣いたときにすぐに抱っこするのはよくないといわれていました。これは戦後、欧米から入ってきた育児方法のひとつで、「早くから自立心を育てる」として当時の日本に広まったものです。

しかし、**現在は「泣いたらすぐに抱っこ」するのがいいことだと認識**

おじいちゃんおばあちゃんも
たくさん抱っこしてあげて

抱っこはどれだけしてあげても害になることはありません。お母さんだけでなく、家族みんなで交代して赤ちゃんをいっぱい抱っこしてあげましょう。

が新たになりました。**抱っこは赤ちゃんの心の成長にとても大切なことだとわかった**からです。

赤ちゃんは泣くことでお母さんやまわりにいろいろなことを要求します。お母さんがその要求に応えることで、赤ちゃんは安心感や信頼感をえます。そしてこの安心感や信頼感のなかから、はじめて自立心が芽生えるのです。**赤ちゃんの時期にしっかり依存できないと、自立心は育たなくなってしまいます。**

子どもを抱っこできるのはほんの数年だけのこと。お母さんには抱っこしたいだけ抱っこさせてあげましょう。

とはいえ、泣くたびに抱っこするのは大変なこと。おじいちゃんやおばあちゃんも、赤ちゃんをできるだけたくさん抱っこしてあげましょう。

知っておきたい
いまの常識

32 夜泣きをするのは甘やかしているからなのでしょうか？

最近、抱っこしても添い寝しても、なにをしても夜に泣くんです。**甘やかしているのが原因なのでしょうか。**

どうやっても、赤ちゃんが泣きやまないことはあるわ。甘やかしているからではないと思うけど、原因はなんなのかしらね。

甘やかしたから夜泣きをするわけではありません

「夜泣き」とは、おむつがぬれている、おなかがすいているなどの理由が見当たらないのに、赤ちゃんが夜中に目を覚まして泣きやまなくなることです。生後5カ月～1歳半ごろに多くみられます。また、生後3～4カ月ごろまでの赤ちゃんで夕方に泣きやまなくなることもよくありますが、これは「黄昏《たそがれ》泣《な》き」や「コリック」と呼ばれています。

これらが起こる**原因はまだよくわかっていません。ですが、赤ちゃんを甘やかしたことが原因で起こるわけではありません**ので、お母さんを責めるようなことはいわないようにしましょう。

「夜泣き」や「黄昏泣き」にこれと

夜泣きをしたら試してみて

夜泣きの原因はわかっていません。お母さんやお父さんといっしょにいろいろと試してみましょう。

体を密着して抱っこをすると落ち着きやすいようです。ほかにも、赤ちゃんが落ち着くお気に入りのものや体勢をみつけてみましょう。手ざわりのいいガーゼのタオルや、肩に頭を乗せたら眠りやすいなど、その子ならではのポイントがあるはずです。

赤ちゃんが泣きやまないとお母さんは追いつめられてしまうことも。そんなときは家族みんなで赤ちゃんのお世話をしたり、お母さんの話し相手になったりして乗り切りましょう。

口におしゃぶりを入れてあげると落ち着くこともあります。おしゃぶりは歯並びが悪くなるといわれていますが、2歳半ごろまでなら問題ありません。つかってみるのもひとつの方法です（→P98）。

いった解決法はありませんが、抱っこするときに体を密着させるようにすると落ち着くことがあります。

それでも体を反らして泣いたり、真っ赤になって怒ったりするときは、無理には抱っこせず、寝かせたままトントンするだけでもいいでしょう。ときには、そばで見守りながら泣かせておいてもいいでしょう。

「夜泣き」や「黄昏泣き」が続く期間は、赤ちゃんによってさまざまですが、あまりに長く続くと無力感を感じて追いつめられてしまうお母さんは多いものです。しかし、いつか必ず終わりがきます。まわりの人は、**お母さんの話し相手になったり、お母さんに代わって赤ちゃんを抱っこしたりして、精神的にも肉体的にもサポートしましょう。**

知っておきたい いまの常識

33 子どもが夜早く寝ないと成長に問題が出ますか？

祖父母

この間、本で「子どもは夜9時までに寝かせたほうがいい」って読んだわ。発達・発育にいいんですってよ。

親

早く寝かせたいんですけど、家のことなどをバタバタしていると、なかなかむずかしくて。うまく時間配分できるといいんですけど。

「早く寝かせる」よりも「決まった時間」がポイント

一般的な家庭では、子どもは夜9時くらいまでに寝かせたいというのが理想のようです。しかし、親の仕事や帰宅時間などさまざまな事情があって、なかなかむずかしいのが現実ではないでしょうか。

4〜6歳の睡眠習慣と行動について研究した報告によると、「夜9時以降に外出することが週2日以上ある」「布団に入るのが夜11時以降になることが週4日以上ある」「外出先からの帰宅が夜9時以降になることが週3日以上ある」といった子どもの場合、そうでない子どもと比べると問題行動が多いということがわかっています。

「遅寝遅起きで生活リズムが不規

赤ちゃんの睡眠環境はここに気をつけて

生まれて間もないころの赤ちゃんは、寝たいときに寝て起きたいときに起きており、明暗や物音など外の環境にはあまり左右されません。「夜、真っ暗ななかで授乳をしたほうがいい」という人がいますが、真っ暗だと危ないのでやや明るくしてもいいでしょう。生後3〜4カ月ごろになったら、昼夜の区別がつくようになります。昼間は明るく、夜は暗くして眠らせるようにするといいですね。

ちょっと注意!

生活音はあまり気にしないで

赤ちゃんを起こさないように、驚かさないようにと、ちょっとした物音にも気をつかいがち。しかし、あまりに静かにしていると赤ちゃんが音に慣れてくれません。普段の生活で出る音はあまり気にしないほうがいいでしょう。

則」な子どもも問題行動が多く、「早く寝て生活リズムが規則的」な子どもほど問題行動が少ない、という結果もあります※1。

早寝早起きで規則正しい生活を送るのがなによりですが、そう理想通りにはいきません。それよりは**「決まった時間に寝かせる」ことをポイントにして生活習慣を見直してみましょう。そして、ぐっすり眠れるように睡眠環境を整えてあげることも大切です。寝具は通気性がよく、かけ布団は軽いものだと子どもがよく眠れる**ようです※2。

まだ小さい赤ちゃんの場合は午前中や午後にもお昼寝があり、生活リズムがあまり定まっていません。もし夜決まった時間に寝ないようであれば1日のトータルの睡眠時間でみてもいいでしょう。

※1:神山潤『日本小児科学会雑誌』vol.115.no12 2011 P1870-1879
※2:赤井由紀子他『医学と生物学』vol.153.no11 2009 P532-538

知っておきたい
いまの常識

34 赤ちゃんに日光浴をさせていいのでしょうか？

私が子育てしていたときは、赤ちゃんのころから日光浴をさせるように指導されたし、子どもは真っ黒なのが元気な証拠っていわれていたわ。

私の子ども時代も、みんなこんがり日焼けしていました！　でも、いまは日にあてないほうがいいとも聞きました。少しもダメなんでしょうか？

日光は避けすぎも浴びすぎもよくありません

昔は「日焼けした肌は健康の証」といわれ、日光浴すすめられていましたが、**現在は紫外線を浴びすぎると肌に害があり、日光浴はするべきではないという考えが主流です。**

そんななか過去の病気だと思われていた「くる病」が近年1～2歳の子どもの間で増えています。くる病は低身長や歩行開始の遅れ、足の変形といった症状がみられる病気で、主にビタミンDの欠乏などが原因で起こります。

ビタミンDが不足する理由として、「完全母乳育児（母乳中のビタミンDは意外と少ないため）」や「離乳食開始の遅れ」とともに「紫外線対策のしすぎ」があげられます。

夏は午前10時〜午後2時が紫外線の量がとくに多い時間帯です。日陰はひなたに比べて紫外線の量が50%減るので、紫外線量が気になるときは日陰で遊ぶようにしましょう。また、くもりでも晴天のときの80%の紫外線量があるので気をつけて※2。帽子や服で体をおおうことも大切です。

外遊びは時間帯と場所を選んで

紫外線によるビタミンD生成のためにも、ある程度は紫外線にあたる必要があります。しかし、紫外線にあたりすぎるのもよくありません。時間帯や場所、服装に注意して外遊びを楽しみましょう。

赤ちゃん用の日焼け止めクリームをぬる方法もありますが、2〜3時間ごとにぬり直さないと効果が保たれません。風通しのいい長袖や帽子で対策をしたほうが現実的です。

さらに詳しく

紫外線カットしやすい服は?

紫外線をカットするには目のつまった布の服を。紫外線を通しにくいのは黒などの暗い色ですが、熱中症予防を考えると明るい色のほうがいいでしょう。7㎝以上つばがある帽子をかぶると目への紫外線の影響を60%減らせます。

ビタミンDを不足させないためには、**離乳食を適切な時期にはじめ、魚やキノコ、卵などを積極的に与えること、そしてある程度、紫外線にあたらせることが大切**なのです。

しかし紫外線は極端に浴びすぎると皮膚が炎症を起こしたり、シミやシワの原因になるなどの悪影響があるので注意が必要です。

国立環境研究所の調査によると、成人の場合ですが1日に必要な摂取量のビタミンDを日光浴で生成するには、紫外線の弱い12月の正午だと那覇で8分、つくばでは22分、札幌では76分、日光浴が必要ということです※1。この時間を目安に、紫外線対策をして外遊びをさせるといいでしょう。

※1：国立環境研究所『体内で必要とするビタミンD生成に要する日照時間の推定』
※2：環境省『紫外線環境保健マニュアル2008』

知っておきたい
いまの常識

35 赤ちゃんのお散歩や外出はどのくらいになったらできますか？

赤ちゃんとずっと家に閉じこもっているのもしんどいわ。外に出て気分転換したいけど、いつから赤ちゃんとお出かけできるのかしら。

近くへのお散歩だけでなく、遠くにいるおじいちゃんおばあちゃんにも会いにいきたいよな。でも、遠出になると準備が大変だな。

1カ月を待たずに外出しても大丈夫

よく**「1カ月健診まで外出は控えたほうがいい」といわれますが、とくに医学的な根拠があるわけではありません。**お買いものや上の子のお迎えなどちょっとした用事があったり、お母さんの気分転換になったりするのであれば、1カ月を待たずに外へ連れ出してもかまいません。紫外線に気をつけて外出しましょう（→P90）。

ただし、**暑さや寒さが厳しい日、雨や風が強い日など、おとなが出かけるのもつらいようなときには控えて。**

また、**風邪やインフルエンザなどのウイルスに感染させないように、人混みや赤ちゃんをさわられたりす**

小さい赤ちゃんがいると遠方への外出は大変です

もし遠方に住んでいる場合は、祖父母のほうから赤ちゃんに会いにいってはどうでしょうか。

るような場所は避けましょう。

外出をする際は、首すわり前でもつかえるA型ベビーカーや抱っこひもがあると便利。自宅から少し離れた場所へ出かける場合はあらかじめ、授乳やおむつ替えができる場所を探しておいたり、ベビーカーで通れない場所はないかなど確認しておくと安心ですね。

赤ちゃんを連れて遠方へ出かけようすると、荷物が多くなるので大変。移動時間も長くなるので親にとっても赤ちゃんにとっても負担が大きくなります。もしも、赤ちゃんのお披露目をするなら、**親と赤ちゃんが遠方へ出向くよりも祖父母や親戚のほうから会いにいくと喜ばれることもあります。**お互いに相談してみるといいでしょう。

知っておきたい
いまの常識

36 子どもを乗りものに乗せるときに気をつけることは？

いまは車でお出かけするとき、人数分のチャイルドシートを用意しなくてはいけないのね。泣いたり騒いだりしても、がんばって座らせておかなくちゃ。

お昼寝のタイミングや、きげんのいい時間帯をねらって移動するようにしなくてはいけませんね……対策を考えないと。

あらかじめ準備しておくことが大切

子どもを連れて公共の乗りものを利用するとき、いちばん心配なのは子どもが騒いでまわりに迷惑がかかることでしょう。**乗りものに乗る前には、あらかじめよく遊ばせたり、授乳したりして、移動中に眠ってくれるように調整しましょう。**

小児科で「子どもを寝かせる薬をください」という人がいますが、通常そのような薬はもらえませんのでご注意を。

赤ちゃんのころは「乗りもの酔い」についてはあまり心配しなくてもいいでしょう。3歳までの子どもで車酔いの経験をしたという報告もありますが、一般的には小学生になる前後ではじまることが多いようです。

乗りものに乗せるときはここに注意

赤ちゃんを連れて乗りものを利用するときは、赤ちゃんもおとなも快適に過ごせるように事前の準備が大切です。

車

子どもを車に乗せるときはチャイルドシートを用意します。チャイルドシートは出産後、病院から自宅まで帰るときから必要です。もし事故にあった場合、子どもの命に関わるので抱っこで乗るのは絶対にやめましょう。たとえば体重5.5kgの赤ちゃんを抱っこした人が乗った自動車が時速40kmでかたい壁に衝突した場合、抱っこした人に瞬間的に110kgもの重さがかかります※1。どんなにしっかり抱っこしていても支えることはできません。子どもが泣いていても、抱っこではなくチャイルドシートに乗せて。また、子どもが小さくて、用意したシートに余裕がありすぎるときにはタオルなどをあてて、首がグラグラしないようにすると安心です。

飛行機

ほとんどの航空会社で生後８日以上から乗ることができます。混雑する時間帯を避けて、なるべくまわりが空いているシートを選んで。赤ちゃんを寝かせるベッド（バシネット）やミルク用のお湯、離乳食など事前に予約をすれば用意してもらえることもあるので確認しておくといいでしょう。

新幹線

指定席をとると安心です。ほとんどの新幹線に「多目的室」がありますが、空いている場合は授乳や赤ちゃんが泣いているときなどにも利用することができます。多目的室の近くのシートを予約してみるのもいいかもしれません。

そして、「揺さぶられ症候群」を心配する人もいます。これは月齢の小さい赤ちゃんが支えのないまま首を激しく動かされると起こりますが、一般的な乗りものの揺れであれば大丈夫でしょう。

新幹線では混雑した時間帯を避け、指定席をとると安心です。泣いたときや、おむつ替えをすることを考えて、出入り口の近い席がおすすめ。

飛行機は、ほとんどの航空会社で生後8日以上から乗れます。やはり混雑した時間帯を避け、なるべくまわりが空いているシートをとるほうがいいでしょう。

車に乗せるときは、必ずチャイルドシートを使用して。チャイルドシートの有無が子どもの命を左右します。

※1：内閣府大臣官房政府広報室『もしものときに身を守るシートベルトとチャイルドシート』

乳幼児突然死症候群（ＳＩＤＳ）ってなに？

乳幼児突然死症候群（ＳＩＤＳ：Sudden Infant Death Syndrome）というおそろしい病態があります。いつも通り元気にしていた赤ちゃんが、**さっきまでスヤスヤよく寝ていると思ったら呼吸が止まっている、**救急車を急いで呼んだけれど亡くなってしまったという状況が多いようです。

身近で見聞きした方はあまりいないかもしれませんが、平成27年度には96人の赤ちゃんが亡くなり、乳児期の死亡原因としては第3位です。これは、**親御さんやお姉ちゃん、お兄ちゃんがなにかしたために亡くなったのではなく、窒息死とも違います。**

ＳＩＤＳの会のサイト※1には、こう詳しく書かれています。「伝染する病気ではありません。近年とくに注目されるようになりましたが、現代病というわけではなく、旧約聖書に記述されるほど古くから知られている病気です。ＳＩＤＳの原因をつきとめ、予防方法を確立するために、多くの研究者が努力していますが、**はっきりした原因はまだつかめていません。いまのところ、防御反射《ぼうぎょはんしゃ》の異常がその原因と考えられています。**乳幼児は通常睡眠時に極短時間の無呼吸や呼吸リズムの不整があります。しかし、通常なら容易にこの状態から抜け出せますが、中枢性《ちゅうすうせい》防御反射の未成熟などにより、この状態から抜け出せないことが突然死に至らしめるという説です。」

このようにＳＩＤＳは大変恐ろしい病気のうえ、原因が不明なのですが、**予防するにはいくつか方法があります。**

赤ちゃんの近くで喫煙しない、うつぶせ寝にしない、なるべく母乳で育てる、ソファーのようなやわらかいものの上でいっしょに寝ない、赤ちゃんの体格に合った適切なかけものをつかう、赤ちゃんをあたためすぎないなどです。煙草の煙を赤ちゃんが吸い込むことも問題ですが、喫煙した人はその後2時間経っても呼気から煙草成分が出ていることがわかっていますし、衣服にも煙草成分が付着しています。禁煙はいつはじめても遅いことはありません。赤ちゃんのためにもご自身のためにも、煙草はやめたほうがいいでしょう。

うつぶせ寝は欧米で多い寝かせかたでしたが、キャンペーンを行い仰向け寝にしたところ、SIDSが約25%減らせました。赤ちゃんが自由に寝返りできるようになるまでは、仰向けで寝かせましょう。

添い寝がいけないという報告と、関係ないという研究報告がありますが、ソファーや肘かけイスのようなところでいっしょに寝るのはよくないようです。ベッドか布団に寝かせましょう。

なぜ母乳栄養だとSIDSが少ないかはわかっておらず、ミルクのなにかがSIDSを起こすわけではありませんが、なるべく母乳で育てましょう。

赤ちゃんが払いのけられないくらい重いとか、通気性の悪いかけ布団はよくありません。また、冬にSIDSが多いのですが、布団のかけすぎや部屋のあたためすぎもよくないようです。汗をかくほど着せないようにしましょう。

家族のみんなが待ちわびた赤ちゃんの誕生、大変なお世話とやっとなれてきた赤ちゃんのいる生活、それが心の準備のないままにお別れとなると、ご家族のショックは筆舌に尽くせないものでしょう。

こういったときに**親御さん、とくに母親は自分が悪かったと思いがち**です。「あのときにもっと気をつけて見ていれば……」、「私がしたあのことが悪かったんじゃないか……」正しい、正しくないではなく、親は子どもになにかあるとなんでも自分に原因と責任を見つけようとします。**身近な人たちは、責めていると受け取られるようなことをいわないように**気をつけましょう。あるいは怒りを感じる人もいます。怒りっぽくなったり、だれかを責めたりといったことは、自分ではどうすることもできないしかたのない反応です。**悲しみをわかち合い、家族が心の痛みに耐えられるように力になってあげてください。**

※1：NPO法人 SIDS家族の会 http://www.sids.gr.jp/sids.html

知っておきたい
いまの常識

37 おしゃぶりをつかうのはやめたほうがいいのでしょうか？

おしゃぶりをつかうと、歯のかみあわせが悪くなるって聞いたわ。あんまりつかわないほうがいいのかしら。

おしゃぶりは、赤ちゃんがやめられなさそうで心配です。いつまでつかっていいのかも知りたいです。

2歳半ごろまでにやめればつかっても問題ないでしょう

おしゃぶりには、赤ちゃんが「泣きやむ」「眠りに入りやすい」といったメリットがあり、赤ちゃんがなかなか泣きやまなくて困ったときや、公共の場で静かにしてほしいときなど、お母さんの助けになることもたくさん。ただ、「かみあわせや歯並びが悪くなる」「言葉を発する機会が減る」といったデメリットもあり、つかってもいいものかどうか迷うお母さんは多いようです。しかし、**つかいかたとやめる時期に気をつければ、とても便利なグッズです。**

つかいかたで気をつけたいことは長時間の使用です。赤ちゃんは5～6カ月以降になるといろいろなものを口に入れて学習し、1歳をすぎる

指しゃぶりは無理にやめさせなくてもOK

指しゃぶりもおしゃぶりと同じように、歯並びやかみあわせに影響が及ぶことがありますが、3歳ごろまでなら無理にやめさせる必要はありません。気になるようなら、生活リズムを整えたり、外遊びや運動をさせたりして、手や口をつかう機会を増やすようにしましょう。また子どもの手を握ってスキンシップをしたり、絵本を読んであげたりして安心させるのもいいでしょう。

ちょっと注意！

赤ちゃんの指しゃぶりは生理的な行為です

1歳ごろまでの指しゃぶりは赤ちゃんの発達過程における生理的な行為なので、そのまま様子をみていいでしょう。そのあとは成長にともない自然と減ってくることがほとんどです。ただし、1日中ひんぱんに指しゃぶりをしている場合や、吸いかたが強いために指ダコができている場合などは、4～5歳になって習慣化しないように小児科医などに相談しましょう。

と言葉を発することが増えていきます。その機会を減らさないようにつかいすぎには注意しましょう。また、**おしゃぶりを使用しているときでも、声をかけたり、ふれあったりすることも大切です。**

おしゃぶりは乳歯の奥歯が生えてくるころ、1歳半くらいからやめる準備をはじめ、2歳半くらいにはやめられるようにしましょう[※1]。もし4歳をすぎてもおしゃぶりがとれない場合は小児科医に相談しましょう。

「小さいうちからおしゃぶりをつかうのはよくないのでは？」と心配する人がいますが、小さいうちにこそつかうもの。実際に、NICU（新生児集中治療室）では、採血などの処置をしたあとにくわえさせると、心拍数が平常値に戻る時間が短くなるという研究結果もあります。

※1：小児歯科学会 WEB内コンテンツ「こどもたちの口と歯の質問箱」

知っておきたい
いまの常識

38 歩行器を使用するときのいいところ、悪いところはなんでしょうか？

歩行器をつかうと歩く練習になるっていわれていたけど、どうなんだろうな。いまはあんまり見かけないけど、なにか問題でもあるのかな。

歩く練習というよりも、あそこに入っていると変なものをさわったり、いたずらしたりできなかったら、便利だったわね。

転落などに注意が必要ですが楽しく便利なグッズです

歩行器は、ひとり歩きができない赤ちゃんの歩行を助けるものです。目線が高くなり自由に移動できるので、ご機嫌でいてくれることが多いようです。ちょっと前までどこの家庭でもおなじみのベビーグッズだったので、なじみのある祖父母世代も多いのではないでしょうか。

歩行器をつかうことで、早く歩けるようになると期待する人がいますし、実際に早くなったという報告もあります[※1]。しかし、歩くことは話すことと同じように生活のなかで自然とできるようになるものですし、**早く歩けることが長期的にみて赤ちゃんに重要というわけでもありません。**

プレゼントする場合は親に確認してから

歩行器は思った以上に大きく、場所をとるものです。もしプレゼントを考えている場合は、親に確認を。

一方で歩行器をつかうと「はいはいをしなくなる」と心配する人がいますが、歩行器をつかわなくてもはいはいをしないまま歩きはじめる赤ちゃんもいます。赤ちゃん自身がはいはいをしないのであれば、個人差なので練習しなくていいでしょう。

歩行器は赤ちゃんが乗って楽しそうであれば、つかってあげるといいですね。**赤ちゃんが楽しいことと、赤ちゃんが乗っている間にお母さんは食事の準備や後片づけなどできて便利なところが歩行器のいい点**です。

歩行器の悪い点は転倒したり、転落する危険が多く、重傷につながる事故になりかねないことです。**いかせたくない場所にはベビーゲートをつける**など工夫して。**長時間乗せないで**、赤ちゃんから目を離さないようにしましょう。

※1：岩田浩子『匍匐運動に関する調査研究（3）乳児期の生育環境と発達について』P308～315

知っておきたい いまの常識

39 テレビやスマートフォンを子どもに見せてもいいのでしょうか？

私の小さいころからテレビはあまり見ないほうがいい、といわれていました。やっぱりテレビやスマホは子どもに見せないほうがいいのでしょうか。

でも、**子どもにテレビの幼児番組などを見せると、楽しそうに歌ったり踊ったりしてるけどねぇ。**たまにだったらよさそうなものだけど。

見せる時間や見せかたに注意すれば大丈夫

テレビやスマートフォンに長時間子守りをさせるというお母さんがいますが、これはよくありません。長時間見せる生活をずっと続けていると、子どもが体を動かす機会や親子のコミュニケーションの時間が不足し、心身の発達に遅れが生じます。2歳以下の子どもの場合はとくに注意が必要です。

しかし、まったくダメというわけではありません。要は、つかいかたに気をつければいいのです。まず**大事なことは、長時間見せない**こと。そして、**子どもひとりでは見せずに、おとなもいっしょに見ながらコミュニケーションをとるように**しましょう。

テレビを見せるときに気をつけて

テレビやスマートフォンは誤った見せかたをすると運動不足やコミュニケーション不足を招き、子どもの発達に影響を及ぼすことがあります。

こんなルールを守りましょう
● 2歳以下は長時間見せない
（3歳以上は1日2時間未満を目安に）
● 子どもひとりで見せないようにする
● 見ていないときは消す習慣をつける
お歌歌いましょー
うさぎさんかわいいよねー

テレビの場合はつけっぱなしにしがちですが、見ていないときは消す習慣をつけて。テレビやスマートフォンを見る時間やタイミングなど、ルールを決めて守るようにしましょう。

たとえば、家事などで忙しい時間帯にお母さんや家族がときどき声をかけたりしながらテレビで幼児番組を見せたり、公共の場で静かにしてほしいときなどにスマートフォンのアプリで遊ばせたりするのは、お母さんも助かるので、活用してみるのもいいでしょう。

テレビやスマートフォンの見せすぎが気になるときは、**絵本を読み聞かせたり、おもちゃでいっしょに遊ぶなどして、双方向のコミュニケーションもとり入れるように**してください。

知っておきたい
いまの常識

40 熱が出たときは体のどこを冷やせばいいのでしょうか？

おでこをさわったら、とても熱いわ。**私のころは、氷枕や冷たいタオルでおでこを冷やしていたわよ。**

たしかママ友が、**おでこではなくて脇の下を冷やしたほうがいいといっていたような**気がします……。いったいどこを冷やすのが正解なのかしら？

脇の下や首のまわり足のつけ根が効果的

昔は熱が出たときに、氷のうや冷たいタオルなどでおでこを冷やすということがよく行われていました。いまでも熱が出たらおでこを冷やすという人は多いかもしれませんね。でも、ひんやりとして気持ちがいい効果はありますが、**おでこを冷やしたからといって体温が下がるわけではない**のです。

同じように発熱のつらさをやわらげるために冷やすなら、太い血管が通っている脇の下や首のまわり、足のつけ根です。氷枕のようなものをタオルなどで包んで、この部分にあてて冷やしてあげるといいですね。

ただし、**子どもがいやがるようなときは無理に冷やさなくていいでしょ**

おでこを冷やしても体温は下がりません

体を冷やすなら、おでこではなく、大きな血管が通っている脇の下、首のまわり、足のつけ根に氷枕などを置くと効果的。

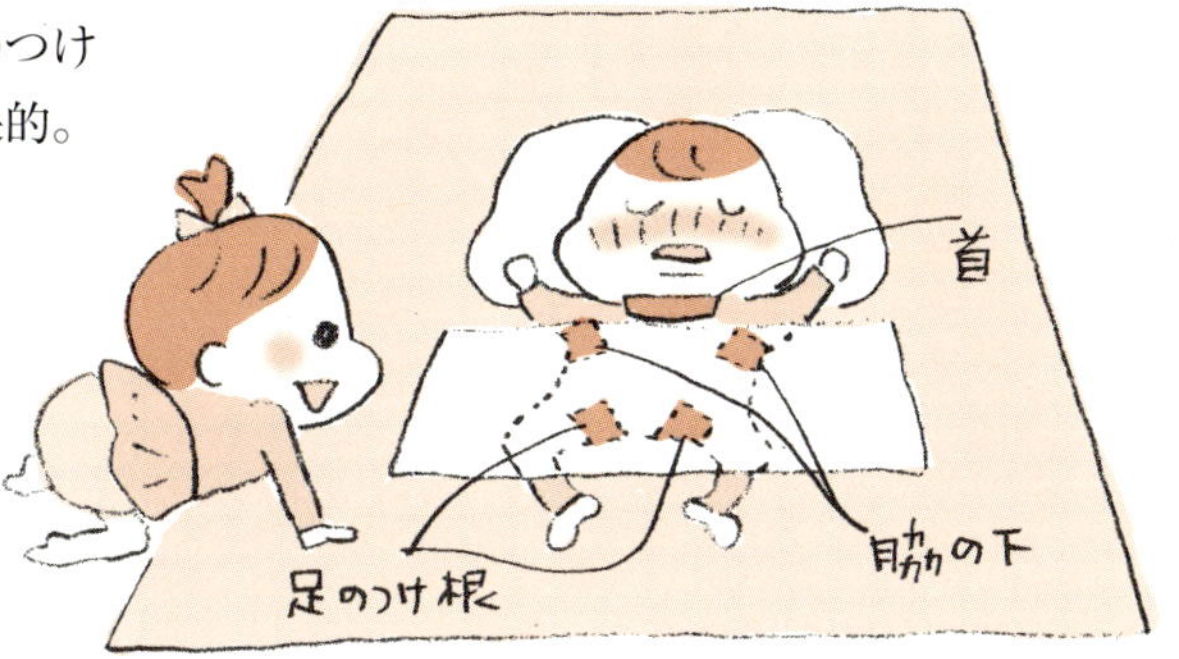

う。いつもより薄着にしたり、布団を1枚少なくするなど、子どもが涼しく過ごせるようにしましょう。

熱があるときは通常よりも多くの水分が失われていきます。脱水症状にならないようにこまめに水分補給をすることも大切です。

最近はおでこなどにつける冷却シートがあります。もし子どもが気持ちよさそうであればはってあげてもいいでしょう。ただし、口や鼻にはりついて呼吸ができなくなってしまう危険も。とくに1歳未満の赤ちゃんにつかう場合は、必ず目を離さないように注意して使用しましょう。

41 熱が出たときは厚着にしてあたためたほうがいいのでしょうか？

熱が出たら厚着をさせて、汗をかかせたほうがいいのよね？ そう教えてもらったんだけど、あっているのかしら。
祖父母
そういえば子ども時代は、母さんに厚着にさせられてたなぁ。熱くて、のぼせてたっけ。懐かしいなぁ。
親

必要以上に熱がこもり苦しいので薄着にして

昔からよく、熱が出たときには**「厚着をさせたほうがいい」「汗をかかせたほうがいい」といわれてきましたが、間違い**なのです。

体温が上がる状態には「発熱」と「うつ熱」があります。「発熱」は風邪に感染したときなどに起こりますが、これは体温を上げることで免疫機能を高め、細菌やウイルスの増殖を抑えているのです。そのため、解熱剤などで無理に熱を下げると病気が治りにくくなってしまうことがあります。

一方「うつ熱」は、まわりの環境で熱がうまく放散できず、体にこもってしまうときに起こるもの。日射病や熱中症はこれにあたります。

あたためず
涼しくするのが正解

熱が出たときに厚着をさせると、体に熱がこもって余計に熱が上がってしまいます。できるだけ涼しく過ごせるように薄着にして、かけ布団もいつもより１枚少ないくらいにしましょう。

「発熱」をしたときに厚着をして体をあたためると、必要以上に熱が上がり、「うつ熱」の状態になってしまいます。悪寒のないときにあたためると苦しいものですし、子どもは暑苦しくても自分では調節できないので、とくに気をつけてあげましょう。

パジャマはいつも通りか、いつもより薄手のものに、かけ布団は1枚少ないくらいにして、子どもが涼しく過ごせるようにするのがいいでしょう。

「熱があるのに汗をかかない」と心配する人がいますが、病気が治って、熱を高くする必要がなくなると、体は発汗を起こして熱を下げます。**汗をかくと治るのではなく、治ると汗をかく**のですね。

知っておきたい
いまの常識

42 症状が出たらすぐに病院へいったほうがいいのでしょうか？

熱が出るととにかく不安です。まわりのみんなにも**「早く病院へ連れていってあげて」といわれるん**ですけど、どのタイミングでいけばいいのか迷います。

本当ね。つい病院をすすめてしまうわ。だけど、自分のことだったり、自分の子育て時代を思いだしたりしても、そんなに病院へいっていたかしら。

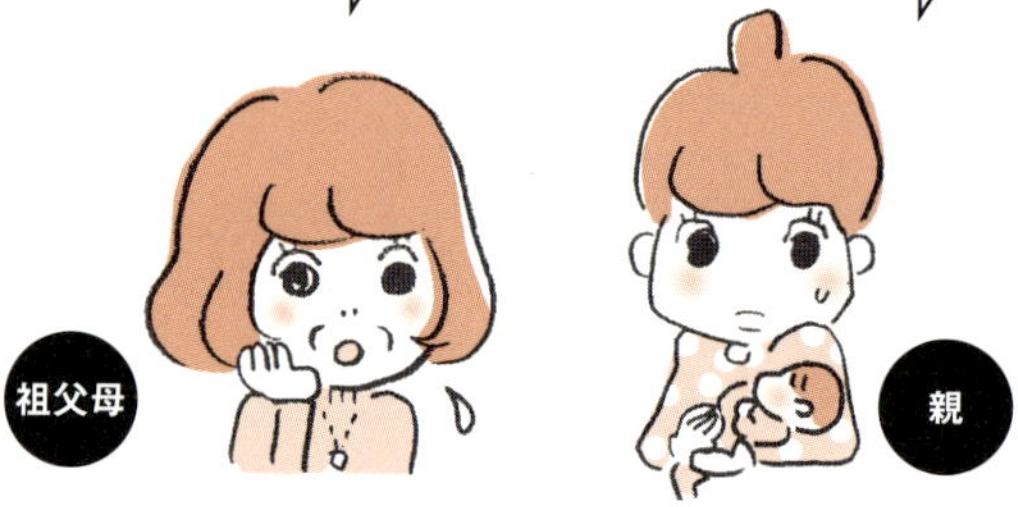

元気があるなら様子をみてもかまいません

ちょっとした症状でも子どもを病院や診療所、クリニックへ連れていくお父さん、お母さんがいます。また「とにかく病院へ」とすすめるまわりの人や祖父母も多いようです。でも、自分だったら、それぐらいで医療機関へいくでしょうか。

不安になるのはもっともですが、熱が出てもすぐに医療機関に連れていく必要はありません。**39度の熱が出ても、もし子どもが元気であれば様子をみても大丈夫。おうちでゆっくり休むことも治療のひとつです。**

高熱の場合、医療機関へいくと解熱剤を処方してもらえますが、本人がつらそうでなければつかわなくてもいいですし、風邪の場合、鼻水やせきの症状は薬でやわらげることはできても、治るわけではありません。

とくに夜間や休日などに利用する救急外来などの時間外窓口は急場をしのぐところです。医者や看護師の人数は必要最小限ですし、検査や処方できる薬の種類、量も限られています。**緊急事態でなければ、診療時間内になってかかりつけの小児科を受診したほうがいい**でしょう。

もちろん、**重大な病気かどうかが心配なときは救急外来を受診してもいいでしょう。**

生後3カ月までの赤ちゃんで37・5度以上の熱が出たとき、生後6カ月までの赤ちゃんで母乳や粉ミルクをあまり飲まないとき（あるいはおしっこの量がいつもの半分以下）、意識障害やけいれんがある場合はただちに受診してください。

ちょっと注意！

こんなときはすぐに医療機関へ

夜間や休日に、こんな症状が出た場合は、すぐに緊急外来へ。

1. 生後３カ月までの赤ちゃんの発熱（37.5度以上）
2. 生後６カ月までの赤ちゃんで母乳や粉ミルクをあまり飲まない（あるいはおしっこの量がいつもの半分以下）
3. 意識障害やけいれんがある場合

それ以外の症状で心配なときは、P47 に載っているサイトを参考にしてみるか、「＃8000」に電話してみてください。「＃8000」に電話すると、小児科医や看護師から、子どもの症状にあわせたアドバイスをうけられます。

電話がつながる時間帯は地域によって異なります。WEB に時間が載っているので、事前にチェックを。

小児緊急電話相談「＃8000」
http://www.mhlw.go.jp/topics/2006/10/tp1010-3.html

熱があってもあわてないで

熱が出ても元気で遊んでいるようであれば様子をみてもかまいません。おうちで過ごしたほうが、子どももゆっくりと体を休めることができますよ。

43 よく風邪をひくのは日ごろのケアに問題があるのでしょうか？

あら、風邪をひいているのね。寒くなってきたから、あたたかい格好をさせたほうがいいんじゃないかしら。風邪をひかないように気をつけてあげなくちゃね。

風邪をひかないように、熱を出さないようにと気をつけているのに、すぐに鼻水やせきが出るんですよね。**ケアのしかたがよくないんでしょうか……。**

何度も感染することで免疫がついて強くなります

赤ちゃんはお母さんの胎内で免疫をもらって生まれてきますが、生後6カ月をすぎるとそれがなくなっていきます。しかも、赤ちゃん自身の免疫機能はまだ未熟なので、すぐに風邪などのウイルスに感染してしまいがちです。赤ちゃんは何度も感染を繰り返し経験することで、徐々に免疫をつけ、強くなっていくのです。

赤ちゃんが風邪をひくと、よく「寒い思いをさせたから風邪をひかせてしまった」などと自分を責めるお母さんがいます。まわりもつい子どものことはなんでもお母さんに聞いてしまって、知らず知らずに追いつめているかもしれません。しかし、**風邪はウイルスによる感染症です。寒**

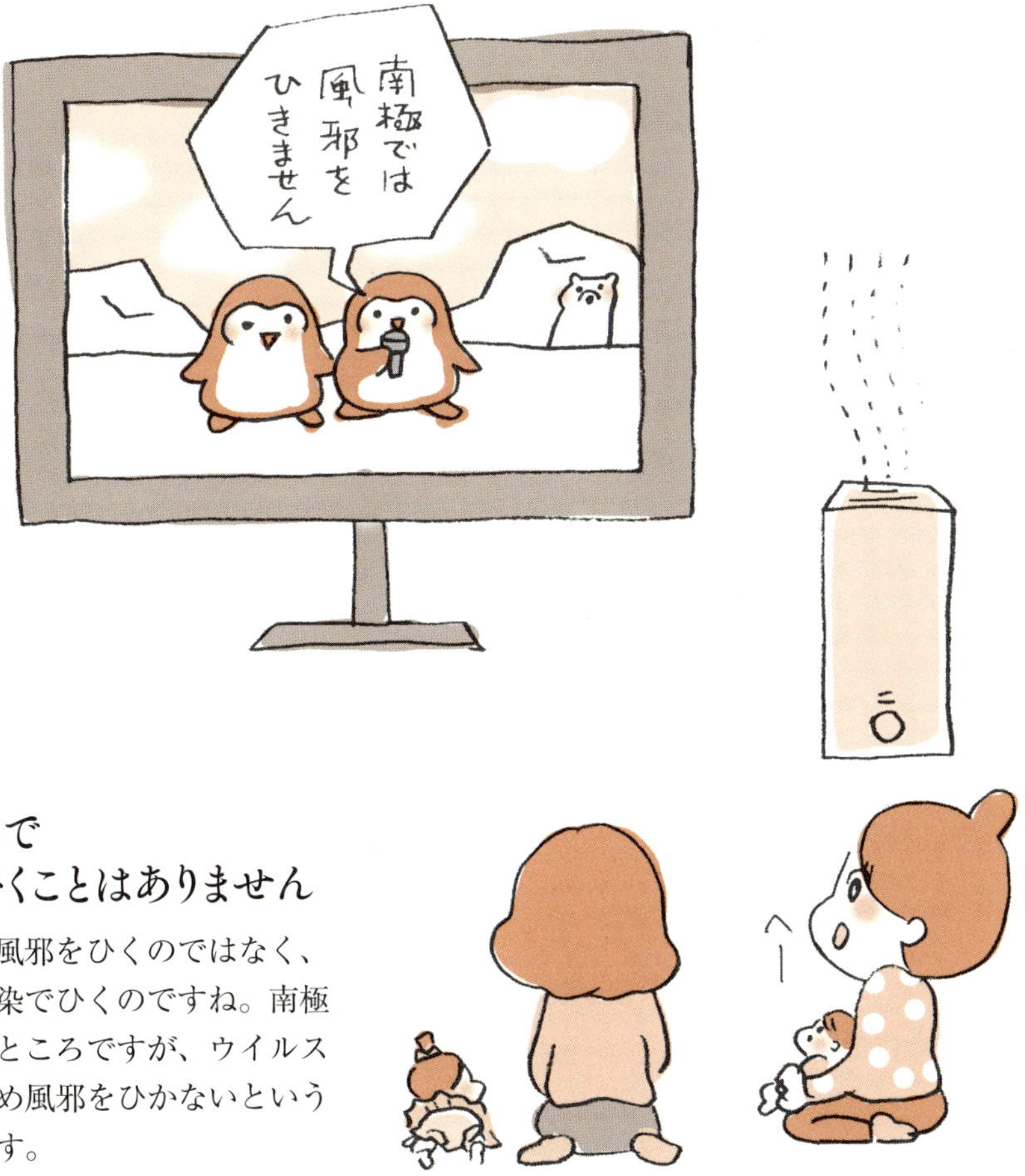

寒いだけで風邪をひくことはありません

寒いから風邪をひくのではなく、ウイルス感染でひくのですね。南極は大変寒いところですが、ウイルスがいないため風邪をひかないという話もあります。

い思いをさせたという理由だけでかかることはありません。

冬は空気が乾燥しやすいですが、空気中の水分が減るとホコリについたウイルスがすぐに床に落ちず、長時間室内を漂うことになります。また、風邪を起こすウイルスの多くは気温が低いほうが活動しやすいという性質があります。このようなことから、冬はウイルスに感染しやすくなるのです。

免疫機能が未熟な赤ちゃんはもともと風邪などの感染症にかかりやすいものです。重症化しないために**日ごろからできるケアとしては、しっかりと睡眠をとって、栄養をとること**です。それでも風邪をひいたときには、「これでまた体が丈夫になった」と考えるようにしましょう。

知っておきたい
いまの常識

44

子どもの病気はまずは小児科へいくべきでしょうか？

さっきドアに指をはさんでしまったみたいで、子どものつめがはがれそうなの。**子どもがかかるところといえば小児科だから、まずは小児科にいけばいいのよね！**

おとなだったら整形外科か皮膚科？でもなぁ、子どものことはまずは子どもの専門である、小児科に連れていったほうがいいのかな。

小児科は内科です 専門の科を受診して

小児科は子どもの内科です。内科以外の症状は眼科、耳鼻科、皮膚科、外科、脳外科などのおとなと同じ科を受診するようにしましょう。

何科にかかったらいいのか迷うときには、おとなら何科にかかるのかを考えてみるといいでしょう。たとえば手足を骨折した場合は整形外科ですね。

どこでみてもらうか悩む場合は、小児科にかかってもかまいません。しかし、小児科で対応できない場合、2度手間になってしまいますので、まずは**ここかなと思った医療機関に電話で聞いてみる**ことをおすすめします。

医療機関に2回行くのは親も子どもも大変

かかりつけの小児科から紹介を受けて、別の科を受診してもいいのですが、医療機関に2回もいくのは大変です。明らかに内科ではない場合は下記を参考にして、医療機関を探してみましょう。

さらに詳しく

こんなときは何科にかかるの?

何科にかかったらいいか迷うときの参考にしましょう。

骨折	整形外科
外傷	外科・整形外科
乳児湿疹・あせも・水いぼ	皮膚科・小児科
頭のケガ（ひどく打った場合など）	脳外科
頭のケガで脳外科にいくか迷う場合	小児科
おへそ・肛門・消化器のトラブル	小児外科・小児科
おちんちんのトラブル	小児外科・泌尿器科・小児科
耳や指の形・できものなど	形成外科・皮膚科
中耳炎	耳鼻科・小児科
虫刺され	皮膚科・小児科
おねしょ	小児科・泌尿器科
発達の問題	小児科・保健センター（乳児健診）

知っておきたい
いまの常識

45

高熱が続くと脳に影響が出るというのは本当ですか？

高熱が出ると脳にもダメージがある、っていうでしょう。やっぱり体が熱くなると、脳にもなにか影響するのかしらね。

高い熱が続くと意識がもうろうとしているようだったり、はぁはぁと苦しそうだったりしますよね。脳に影響が出ていると思うと、こわいです。

高熱が続いても脳に影響はありません

どうして風邪などの病気をすると、熱が上がるのでしょうか。それはウイルスや細菌が高温であると増殖しにくく、免疫機能は高温のほうがより働くからです。体がウイルスや細菌と戦おうとして熱をあげているのですね。

昔はよく「高熱が続くと頭がおかしくなる」などといわれていました。高熱が続く病気に髄膜炎《ずいまくえん》や脳炎があり、この後遺症による脳の障害のことが原因だと考えられます。以前は熱が出てもなにが原因がよくわからなかったため、間違えられていたのでしょう。髄膜炎や脳炎はウイルスや細菌によって起こる病気です。高熱を放っておいたから髄膜炎や脳炎

熱性けいれんは小さい子どもによく見られる症状

熱性けいれんとは、生後6カ月～5歳くらいまでの子どもにみられる、通常38℃以上の発熱にともなう発作性《ほっさせい》疾患《しっかん》です。髄膜炎などの中枢神経感染《ちゅうすうしんけいかんせん》症《しょう》や代謝異常、その他発作の原因が明らかな疾患がないものをいいます。てんかんの既往のある子どもは除外します。

症状と傾向

熱性けいれんの症状としてよくみられるのは、発熱とともに手足がかたくなってぶるぶるとふるえる、白目になる、意識がなくなるというものです。しかし、ほとんどの場合は数分でおさまりますので、あわてないで。熱性けいれんは特殊な病気ではなく、日本人の10人に1人くらいに起こるといわれています。そのうちのほとんどが1回しか経験しません。熱性けいれんを何度も起こす子どもには以下の特徴があります。①親に熱性けいれんの既往がある場合 ②1歳未満に発症した場合 ③発熱から発作にいたる間隔が短時間（1時間以内）の場合 ④発作時の体温が39℃以下。この4つのうちひとつでもあると再発は2倍の確率になります。

対処法

熱性けいれんは激しい症状が出るため、パニックになってしまいがち。まずは落ち着くことが大切です。体をゆすったりせずに、平らなところへ仰向けに寝かせて様子をみます。嘔吐がみられる場合は、顔を横に向けて吐いたものが気道に詰まらないようにしましょう。舌をかまないようにとものをくわえさせるのは危険なのでやめてください。だいたい数分で発作はおさまり、意識がはっきりしてきます。発作が10分以上続く場合や、発作がおさまっても意識がはっきりしなかったり、顔色が悪い場合はすぐに医療機関を受診しましょう。

ちょっと注意！

「てんかん」ってなに？

てんかんとは慢性の脳疾患で、突然意識がなくなったり、けいれんをしたりする発作を繰り返し起こす病気です。原因がわからないことが多く、100人に1人に起こるといわれています。3歳未満で発症することが多いものの、乳幼児期から高齢期までの年齢層で幅広く発病します。適切な治療で70～80％の人がコントロールできます。

になるわけではありません。
発熱で人の体に害を及ぼすとされる体温は41・1～43・3度以上といわれています。しかし、私たちの体は体温が41度を上限として、**上がりすぎることを防ぐメカニズムがあるので、脳に障害が起こるような高熱が出ることはまずありません。また、40度をこえるような高温が続いても、熱が原因で脳に障害が起こるようなことはありません**ので心配しなくていいでしょう（熱中症のように外部の影響で体温が上がるのは、また別の話です）。
熱をともなうものとして知っておきたいものに「熱性けいれん」があります。熱性けいれんをはじめて経験するとびっくりしてしまうものですが、対処法を知っておけばあわてなくても大丈夫ですよ。

知っておきたいいまの常識

46 熱が出たら解熱剤で熱を下げたほうがいいのでしょうか？

熱があるから、**早く解熱剤をつかって下げてあげたほうがいいんじゃない？** お熱が下がって、病気が治るんじゃないかしら。

先生からは、本人が元気そうであればつかわなくていいといわれたんですけど……。でも、解熱剤をつかってとりあえず下げてあげたほうが、体にいいのでしょうか。

熱があっても元気なら解熱剤は必要ありません

解熱剤の使用については賛否両論あるので、つかうかどうか悩む人は多いものです。しかし、**解熱剤は熱を下げるだけで病気を治すものではありません。子どもが元気ならつかわなくていい**のです。

体は体温を上げることで細菌やウイルスや細菌の増殖を抑え、免疫機能を高めようとします。むやみに解熱剤を使って熱を下げると、病気の回復を遅らせることになりかねません。

とはいえ、**高熱が出ると、体の節々や頭が痛くなったり、食欲がなくなったり、眠れなかったりして、苦しいときもあります。子どもがつらそうなときには解熱剤はつかって熱を**

解熱剤は熱を下げるもので病気を治すものではありません

ただの風邪の場合でも熱は何日も続くことがあります。しかし、解熱剤をつかって一時的に熱が下がっても、また上がるようなことを繰り返すとき、３日目には病院を受診してください。解熱剤は一時的に熱を下げるものであって、病気を治すものではありません。

下げてあげるといいでしょう。

ときどき、解熱剤をつかったあと、熱が平熱まで下がらなくて心配する人がいますが安心してください。40度が38度になるだけでもずいぶん気分はよくなるものです。

解熱剤をつかうときは、1回つかったら4〜5時間以上あけるようにしましょう。熱が下がらず、苦しさが続くようであれば1日に何回かつかってもかまいません。

解熱剤は子どもの体重によって量が違うので、兄弟のものなどつかい回したりしないように注意しましょう。ずいぶん前にもらったような解熱剤もつかわないほうが安心です。

知っておきたい
いまの常識
47

子どもにはなるべく薬を飲ませないほうがいいのでしょうか？

まだ体も小さいですし、薬を飲ませないほうがいいんでしょうか。**体によくなさそうなイメージがある**ので、あげずに治したほうがいい気がして。

薬って体にたまりそうだし、「毒にも薬にもなる」っていうくらいだから、あまりにつかうのはよくない気がするわよねぇ。免疫力を下げそうだし。

薬は毒ではありません 必要があれば飲ませましょう

子どもに薬を飲ませたくないという人は多いようです。でも、**薬は適量であれば毒にはなりませんし、体に蓄積されたり、免疫力が落ちたりするものでもありません。**

たとえば、風邪の場合、鼻水やせきといった症状をやわらげる対症療法しかありません。なので、子どもがいやがるようであれば無理に飲ませなくてもいいでしょう。でも、溶《よう》連菌《れんきん》に感染した場合は決められた日数きちんと抗生剤を飲んで治療しなくてはいけないので注意して。

もし、**薬について疑問があったときは自己判断しないで、薬を処方してもらった医療機関や薬局に必ず問い合わせるように**しましょう。

風邪

無理に飲ませる必要はありません

風邪で処方される薬には、鼻水や鼻づまりを改善するための抗ヒスタミン薬、せきをしずめるための鎮咳薬《ちんがいやく》、気管支拡張薬《きかんしかくちょうやく》、去《きょ》痰薬《たんやく》などがありますが、これらはすべて症状をやわらげるための薬です。抗ヒスタミン薬は眠気や口の乾き、小児ではけいれんを起こすことがあるため、かわりに抗アレルギー薬を処方されることが増えました。風邪の場合は鼻をかんだり、吸い出してあげるほうが効果的です。小児科で一般的に処方される鎮咳薬は安全性には問題ありませんが、あまり効果が期待できません。気管支拡張薬は気管支喘息《きかんしぜんそく》の発作には有効ですが、風邪や気管支炎には効果がありません。去痰薬は痰をやわらかくして出したり、粘膜を整えるためのもので、作用はあるものの限定的です。風邪薬は必ずしも必要というわけではないので、いやがる場合は無理に飲ませなくてもいいでしょう。

インフルエンザ

安静にできるならつかわなくてもOK

抗インフルエンザ薬はインフルエンザウイルスの増殖を抑えるものです。内服薬のタミフル、吸入薬のリレンザ、イナビル、点滴薬のラピアクタなどがあります。どれも症状がよくなるまでの日数を1日ほど減らすことが期待できます。家で安静に過ごせるのであれば、薬は必ずしも必要ありません。日本では抗インフルエンザ薬のつかいすぎが指摘されています。薬剤耐性ウイルスができてしまう可能性もあるので処方を最小限にするべきという説もあります。

胃腸炎

抗菌薬が効果的な場合もあります

サルモネラなどの細菌性胃腸炎、赤痢《せきり》アメーバなどの原虫による胃腸炎には、抗菌薬が効果的ですが、おなかの風邪と呼ばれるウイルス性胃腸炎では、抗菌薬はむしろよくありません。ウイルス性の胃腸炎の場合は、乳酸菌製剤を整腸剤として処方されることがあり、胃腸炎の症状を1日程度短くする効果があるといわれています。下痢や嘔吐《おうと》による脱水の予防や治療には、薬局にある経口補水液《けいこうほすいえき》を飲むのがいいでしょう。もし、食欲があるようなら、あぶらっこくないもの、冷たすぎないものを食べさせて、回復するまで見守りましょう。

48 予防接種よりも感染症にかかって治すほうがいいのでしょうか？

うちの子たちが小さいころは、友だちのだれかがおたふく風邪にかかったら、みんなで集まってうつしあっていなかったか？

あのころは、自然にかかるほうがいいと思っていたのよね。でも、重症になったりおそろしいことになっていたかもと思うと、知らなかったとはいえ、こわいわ。

深刻な合併症を起こす危険が

少し前まではおたふく風邪（流行《りゅうこう》性耳下腺炎《せいじかせんえん》）や、はしか（麻疹《ましん》）なども自然にかかって治すということも多かったことでしょう。ところが、**合併症を起こして深刻な後遺症が残ったり、最悪の場合、命を落とす危険性もあるのです。**

おたふく風邪はムンプスウイルスによる感染症ですが、多くの合併症があります。なかでも、髄膜炎《ずいまくえん》は約50人に1人の割合で起こるといわれていますし、約1000人に1人の割合で一生治らない重度の難聴になるともいわれています。脳炎で障害が残ることや、命の危険にさらされることもあるのです。

そもそも**ワクチンとは感染症の原**

受けておきたい予防接種

予防接種には国や自治体がすすめる定期接種と、受ける側に任されている任意接種があります。しかし、任意接種だからといって重要度が低いというわけではありません。どちらも受けたほうがいいでしょう。

ワクチンで防げる主な病気

B型肝炎
このウイルスが体に入ると肝炎になり、肝硬変や肝臓がんを起こしやすくなります。

ロタウィルス感染症（胃腸炎）
95%の子どもが5歳までに1回はかかります。

ヒブ感染症
インフルエンザ菌b型による感染症。小さな子どもがかかると命にかかわる危険が。

肺炎球菌感染症
細菌性髄膜炎、菌血症、重い肺炎や細菌性中耳炎などをおこします。

ジフテリア
喉についたジフテリア菌が増えて、炎症が起こります。死亡するケースも。

破傷風
破傷風菌が傷口から入って、筋肉をけいれんさせる破傷風菌毒素を大量に出し、致死性の感染症。

百日せき
息ができないほどせきが長く続きます。低月齢の乳児が感染すると重症化します。

ポリオ
多くの場合は風邪のような症状だけですが、まれに手足に一生残るまひが出ます。

結核
結核菌を吸い込むと感染し、肺や脳を包む髄膜などについて炎症をおこします。

麻疹（はしか）
高熱と発赤疹が出現。肺炎と中耳炎を合併しやすく、1000人に1人は脳炎を発症あるいは死亡。

風疹《ふうしん》
発熱、発疹、リンパ節腫脹が主症状。妊婦の感染で胎児が先天性風疹症候群になることがあります。

おたふく風邪
軽症の場合が多いですが、約50人に1人の割合で無菌性髄膜炎や、約1000人に1人の割合で難聴に。

水痘《すいとう》（水ぼうそう）
軽症の場合が多いですが、重症化すると脳炎や肺炎、皮膚の細菌性感染症などの合併症に。

日本脳炎
多くの人は症状が出ませんが、脳炎がおこるとけいれんや意識障害を起こします。

インフルエンザ
一般的な風邪とは違い、重症化しやすい病気。気管支炎、仮性クループ、肺炎などを起こすことも。

ヒトパピローマウイルス感染症
子宮頸部に感染すると、子宮頸がんに進行する可能性があります。

A型肝炎
汚染された食物やウイルスがついた手でさわられた食べものを食べることで、感染します。

髄膜炎菌感染症
気道から感染し、菌血症、髄膜炎に。高熱、出血斑、けいれんなどを起こし、生命を左右します。

因となるウイルスや細菌の病原性を弱めたり毒素をなくしたりして、私たちの体に安全な状態にしたもの。自然感染と同じしくみで私たちの体内に免疫をつくり出しますが、**病気を発症させるわけではないので、接種後にも症状が出ないか、出たとしても軽い症状で、自然感染と違ってほかの人へうつす危険もありません。**ただし、数回の接種が必要なものもあります。
「昔は自然にかかって治すものだったのだから大丈夫だろう」と軽く考えてしまいがちですが、重症化する可能性はだれにでもあります。**万が一のためにも、予防接種は受けておいたほうがいい**でしょう。

 ※厚生労働省『感染症情報』

知っておきたい いまの常識 49

同時接種すると子どもの体に負担がかかるのでしょうか？

いまは、予防接種を何本も同時に打つんだって。一度に打つとちょっとかわいそうだね。

それだけ受けることができる予防接種が、昔に比べて増えたということだわ。痛そうだけど一瞬だし、本当に病気になったらもっと大変よ。

負担にはならないので安心して受けましょう

ワクチンの同時接種は「1度に何本も注射をするのはかわいそう。体に負担がかかるのでは？」と心配になる人が多いようです。でも、ご安心を。**体に負担はかかりません。**たとえワクチン10本を同時接種しても子どもの免疫力の0・1％程度しかつかわないといいます。

反対に、同時接種を行うことで、いくつものメリットがあります。赤ちゃんの時期はB型肝炎、四種混合、ヒブ、肺炎球菌など重要なワクチン接種がそれぞれ複数回ありますし、さらにワクチン接種は適切な時期に行わなくてはなりません。1種類ずつ受けていると過密スケジュールになってしまいます。

さらに詳しく

同時接種のメリット

同時接種のメリットはたくさん。日本小児科学会では以下のメリットをあげています。

- 接種忘れなどがなくなり、各ワクチンの接種率が上がる。
- ワクチンで予防できる病気から子どもたちが早期に守られる。
- 保護者の経済的、時間的負担が軽減する。
- 医療者の時間的負担が軽減する。

同時接種について わかっていること

同時接種について心配する人も多いようですが、日本小児科学会では「ワクチンの同時接種は、子どもたちをワクチンで予防できる病気から守るために必要な医療行為である」と考えています※1。同時接種についてわかっていることは次の通りです。

1. それぞれのワクチンに対する有効性について、お互いのワクチンの干渉はない。
2. それぞれのワクチンの有害事象、副反応の頻度が上がることはない。
3. 接種できるワクチンの本数に原則制限はない。

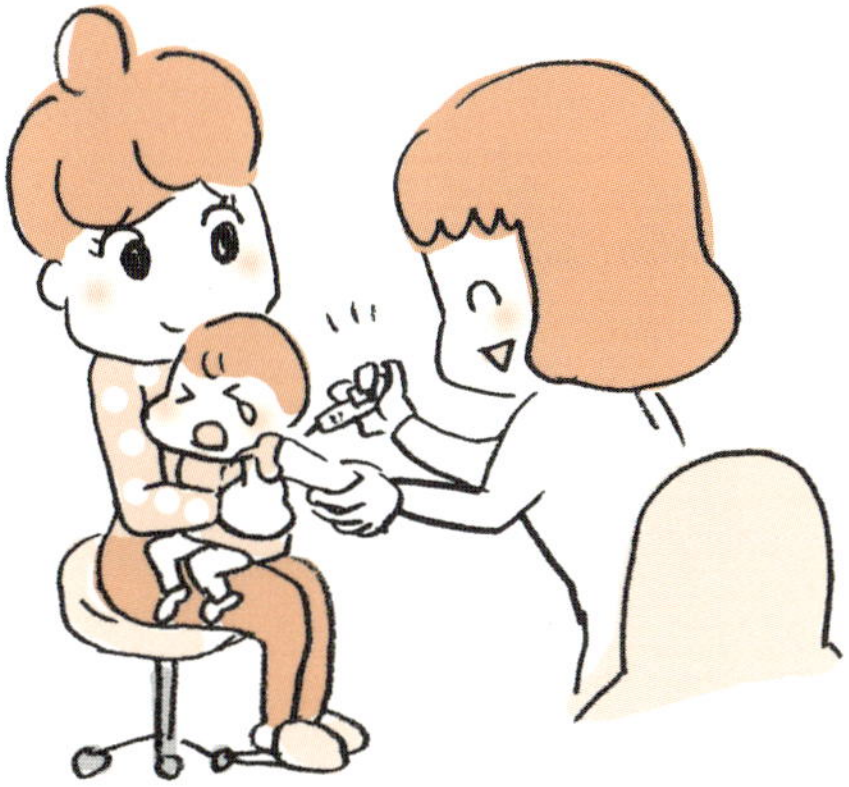

同時接種をすると、通院回数を減らすことができるだけでなく、接種忘れなども防ぐことができます。病気にたいする免疫を早期につけてあげられますね。

同時接種するより1本ずつ受けるほうがワクチンの効果が高いのではないかと考える人もいますが、効果は変わりません。**同時接種をすることで熱などの副反応が多くなったり、特別な副反応があらわれたりすることもない**のです。

ワクチンの同時接種は20年以上前から世界中で行われていますが、問題は起こっていません。デメリットはありませんから安心して受けましょう。

※1：日本小児科学会『日本小児科学会の予防接種の同時接種に対する考え方』

50

インフルエンザの予防接種は乳児が受けても効果はありますか？

今年は、インフルエンザの予防接種はどうする？　去年は受けてもかかってしまったし、受けても意味がないっていう話も聞くね。

でも、今年は赤ちゃんともいるし、**私たちおとなは受けたほうがいいんじゃないかしら。あとは、赤ちゃんはどうするかよね。**受けたほうがいいのかしら？

効果はあるので ぜひ予防接種を

冬が近づくとインフルエンザの予防接種を受けるかどうか話題になります。おとなもそうですが、とくに1歳未満の赤ちゃんには効果がないという話を聞くことがあります。

しかし、**インフルエンザワクチンを接種すると完全に防げるわけではなくても、50〜60%程度、発病を予防することができるとされています。赤ちゃんについても、おおむね20〜50%の発病防止効果があったという報告があります。発病した場合に重症化を防ぐ効果も期待**できます※1。

インフルエンザの多くは1週間程度で回復しますが、まれに重症化すると脳炎や脳症を起こすことがあります。できるなら**家族みんなで予防**

重症化を防ぐためにも受けておいたほうが安心

　インフルエンザワクチンを接種しても100%防げるわけではありませんが、重症化を防ぐ効果が。家族みんなで受けておいたほうが安心です。

インフルエンザ予防接種
受けにきました――!
家族
おそろいで
ようこそ
!!

接種を受けましょう。

　流行時期は手洗いを忘れずに行い、人が集まる場所を避けると安心。赤ちゃんに予防接種を受けさせない場合は、同居している家族はみんな接種するようにして、手洗いを徹底する、外出はなるべく控えるなど工夫しましょう。

　インフルエンザの予防接種は生後6カ月から受けられます。13歳未満は2～4週間あけて2回、13歳以上は1回の接種です。流行前に免疫をつけたいのであれば10～11月に、流行に備えるなら12月中旬ごろまでに受けるといいでしょう。問診票などはかかりつけの医療機関に問い合わせましょう。また、おとなも子どもも接種費用を助成してくれる市区町村もあるので確認してみては。

※1：厚生労働省「平成28年度インフルエンザQ&A」

母親は3歳になるまでそばにいるべき？

「3歳までどうすごしたかが一生続く人格を決める」、「3歳までは母親が、働かずに近くにいないといけない」「母親は子どもが3歳になるまで子育てに専念しないと、成長に悪影響を及ぼす」という話を聞いたことがありますか？

これらは3歳児神話と呼ばれています。イギリスの精神科医ジョン・ボウルビィがWHOに提出した報告書をもとにしているようです。「3歳未満の発達初期に精神的な障害を受けた子は生涯その傷を癒せず、後々まで社会的不適応行動を形成する」というもの。

日本でも「三つ子の魂百まで」とか「雀百まで踊り忘れず」ということわざがありますね。小さいころの性質はのちのちまで続くとか、幼いうちに身につけたものはずっと忘れないという意味です。

一方、**厚労省が1998年版『厚生白書』で、3歳児神話には合理的根拠がないと言及**しました。人間形成の時期に幼少期の母親が、働かずに近くにいることが絶対であるといわれたのは、高度経済成長期以降のことです。

昔の子育ては、村落や町などの共同体や、大家族で行われていました。近代になって、「男は外、女は内」、「企業戦士と銃後の妻」という性別役割が固定化したのです。女性たちは結婚と子どもの誕生により、家庭に入ることを求められました。

アメリカの国立小児保健・人間発達研究所が1300人を対象に5年間追跡調査をした結果や、日本の269組の母子を12年追跡調査したものでも、**3歳未満のうちに母親が働いた場合、子どもの問題行動や、母子関係の良好さ、子どもへの愛情への悪影響は認められなかったと**いうものがあります。

ボウルビィは、戦争中に悲惨な体験をした人たちの研究から、最初に書いたようなことをWHOに報告しました。3歳までのお母さんが仕事についていることが、生涯の人格形成に影響するとはいっていません。

のちに「乳幼児と母親（あるいは代理者）との人間関係が、親密で継続的で、しかも両者が満足と喜びに満たされているような状態が、精神衛生の根本である」といっています。ボウルビィは母親が働くことを否定したり、家庭での育児か、社会での保育か対立する二者択一の話をしたのではないのです。実際に、幼少期に母親が働いている場合とそうでない場合で、子に与える影響（乳幼児期の発達状況、児童期の認知発達、社会性、行動上の問題点、学業成績など）については、**3歳児神話の根拠となるような因果関係がありません。**

たしかに、甘えたいときにお母さんがいなかったら子どもは寂しいでしょう。お母さんにとっても、本当に必要としてくれるのはそう長い時間ではないのに、かわいい子どもを置いて働くのはしのびがたいものです。できれば働かないで、ずっと家にいたいと思うのは自然なこと。

でも、昔と違って核家庭が多い現代、大家族や地域ぐるみで子育てしている人がどのくらいいるでしょうか。すべての女性が子育てが得意というわけではなく、悩んだり、疲れたり、迷ったりして焦燥感や孤立感を深めているのが現代です。

仕事をしているほうがよほどラクだと思ったり、家庭と職場の両方に居場所があり、気分転換や相談相手を求めて両立がいいと思う女性も当然います。選べるような状況ではなく、働かないと経済的に困窮する人もいます。

子どもにとっても、自分がいるせいで大好きなお母さんがたくさんがまんをして家にいるという状況は、よくないのではないでしょうか。

よくいわれるように、**子育てに正解はありません。全員がこうすれば、必ずいい人に育つという絶対的な方法はないのです。**そして時間、人手、得意なこと、やりたいこと、経済的状況、環境はみんな違います。ずっと家にいてお子さんをみること、仕事と子育てを両立することは、どちらがえらいという話でもありません。

お孫さんができた人には、ぜひお嫁さんや娘さんの気持ちや状況を聞き、お孫さんにとっていちばんいい方法が実現できるように手助けしてあげてほしいと思います。

特別編

我が家に待望の孫がやってきた……！
でも、お世話や遊びかたなど、どうすれば
いいの？と戸惑っている人も多いのでは。
「これだけ覚えておけば大丈夫」ということを
厳選しました。

孫のお世話で知っておきたいこと

孫のめんどうをみるときに困らないポイントを教えてください

急にあずかるのではなく事前に必ず打ち合わせを

「子どものめんどうをみて」といわれると、うれしい反面、大丈夫だろうかと戸惑うおじいちゃんおばあちゃんも多いのではないでしょうか。

子育てしていたころから育児法なども変わっていることだろうし、責任をもってお世話ができるだろうか、と不安になるかもしれませんね。

そんな不安を取り除くためにも、子どもを急にあずかるのではなく、まずは両親がどのような子育てをしているのか、注意すべきことはなにかなど、事前に話し合いをしておきましょう。

そして、子どもをあずかるとき

孫をあずかるときの3つのポイント

Point 1 お世話

基本的なお世話を再確認

自分の子育てから時間が経ち、抱っこやミルクのつくりかたなど基本的なこともすっかり忘れてしまった、という人も多いのでは。覚えていたとしても、当時とやりかたが違ったり、そもそもグッズが変わっていたりするかもしれませんね。おさらいもかねて、もう一度見直してみましょう。

▶ P136〜

Point 2 遊び

特別な遊びでなくてOK

子どもと遊ぶと思うと「遊ばなくちゃ」「楽しませなくては」と気負ってしまいがちですが、ちょっと待って。まだ小さいときには、それほどしっかりとした遊びはできないもの。歌ったり体をなでたり、そんなふつうのことで子どもは喜びます。あまり考え込まず、ギュッと抱きしめるだけでもOKです。▶ P142〜

Point 3 安全対策

気にしすぎなくらい対策を

子どもの安全対策は、気をつけても気をつけすぎることはありません。「昨日できないことが、今日できる」というほど、目覚ましい成長をとげる時期です。これくらいでいいだろうと思わず、気にしすぎかなと思うくらい気をつけて。目を離さないことも大切です。

▶ P146〜

なによりいちばん大事なのは、子どもの安全。「聞いていなかった」「知らなかった」がないように、準備をしっかりしましょう。

こんなことができるようになるのね
楽しみだなー

3歳までの発達の目安

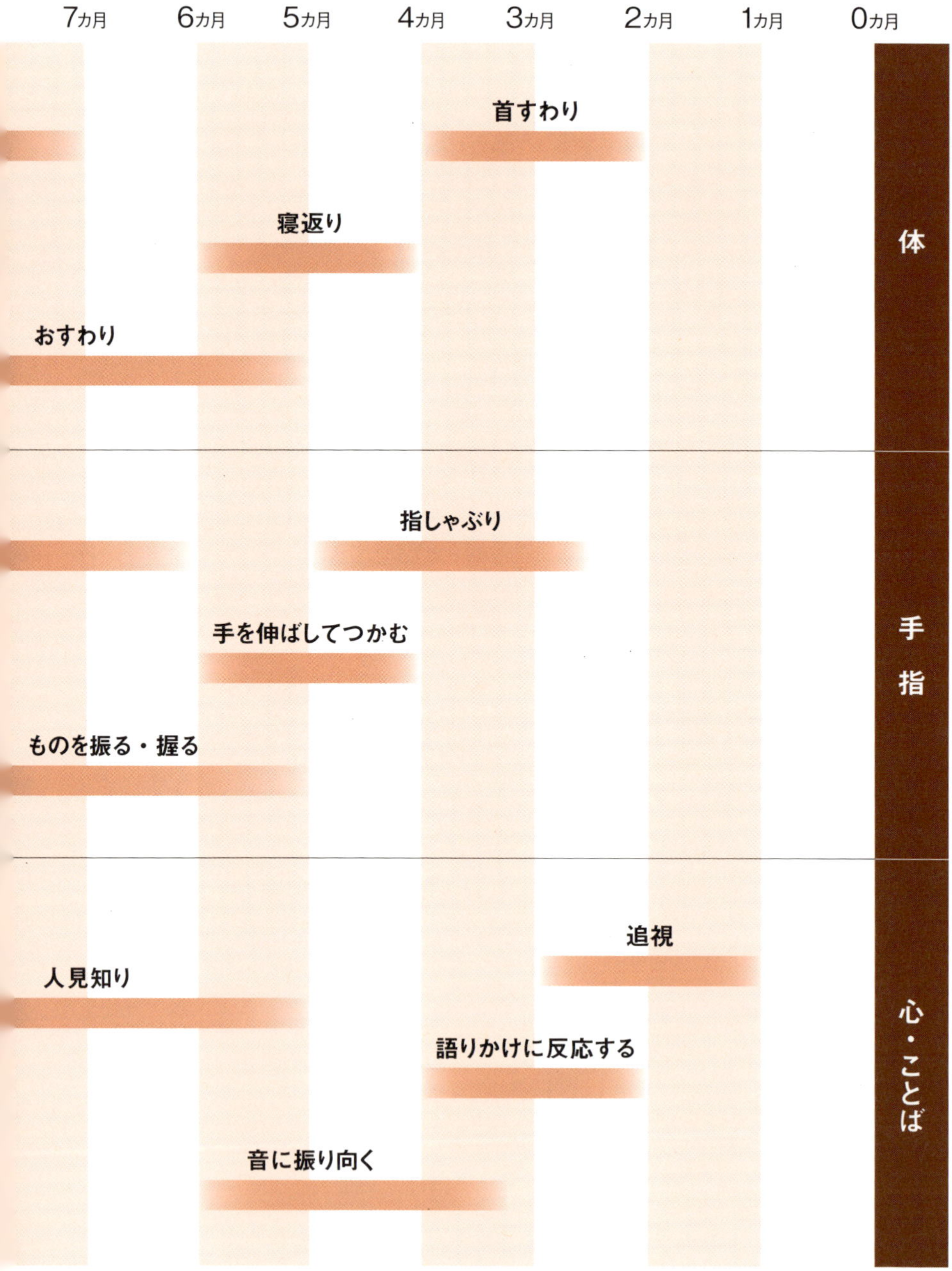

7カ月
6カ月
5カ月
4カ月
3カ月
2カ月
1カ月
0カ月
体
首すわり
寝返り
おすわり
手指
指しゃぶり
手を伸ばしてつかむ
ものを振る・握る
心・ことば
追視
人見知り
語りかけに反応する
音に振り向く

成長著しい3歳までの成長をまとめています。どの時期になにができるのかの目安にしましょう。ただし、個人差があるので、参考までにしてください。

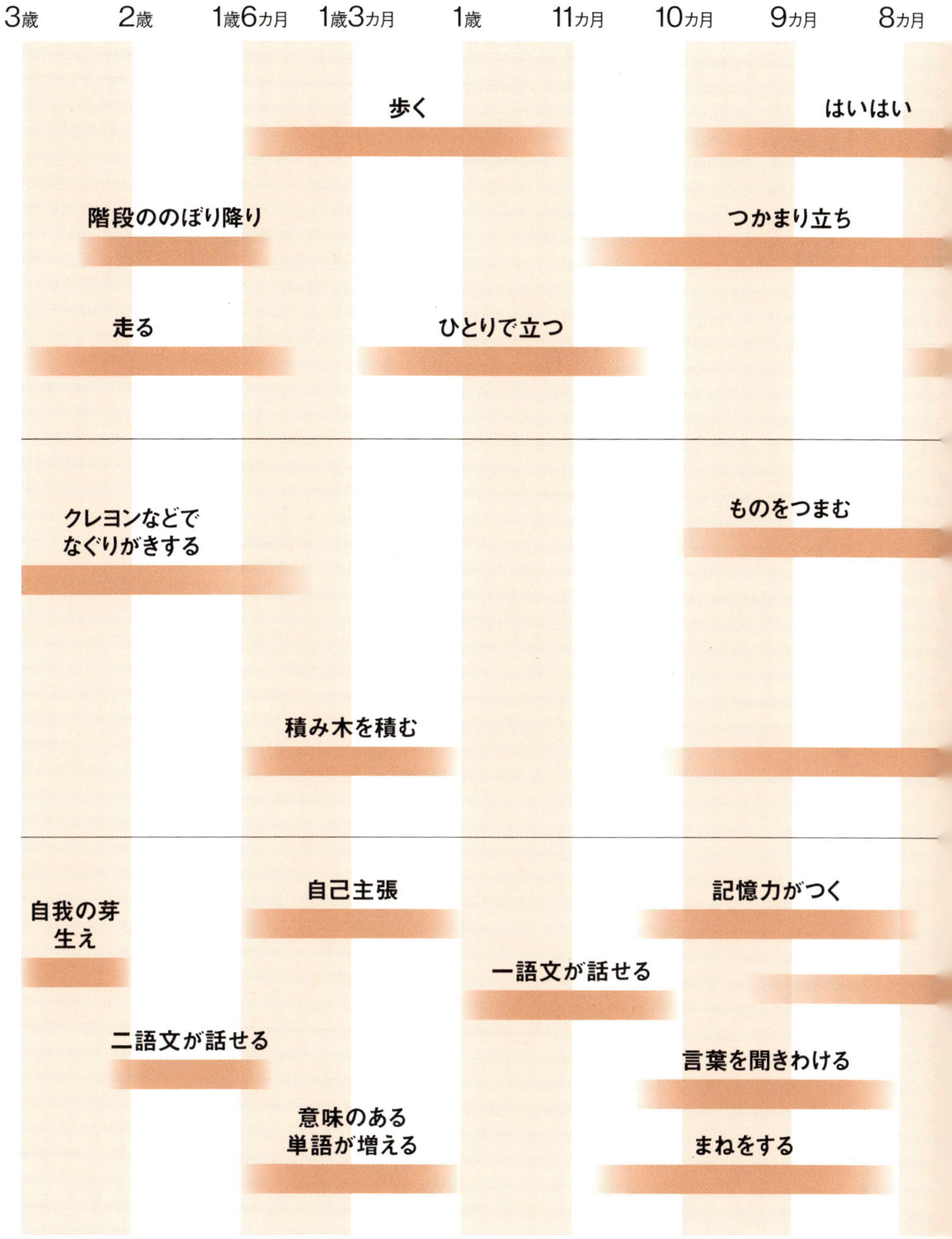

1歳までの乳幼児発育曲線

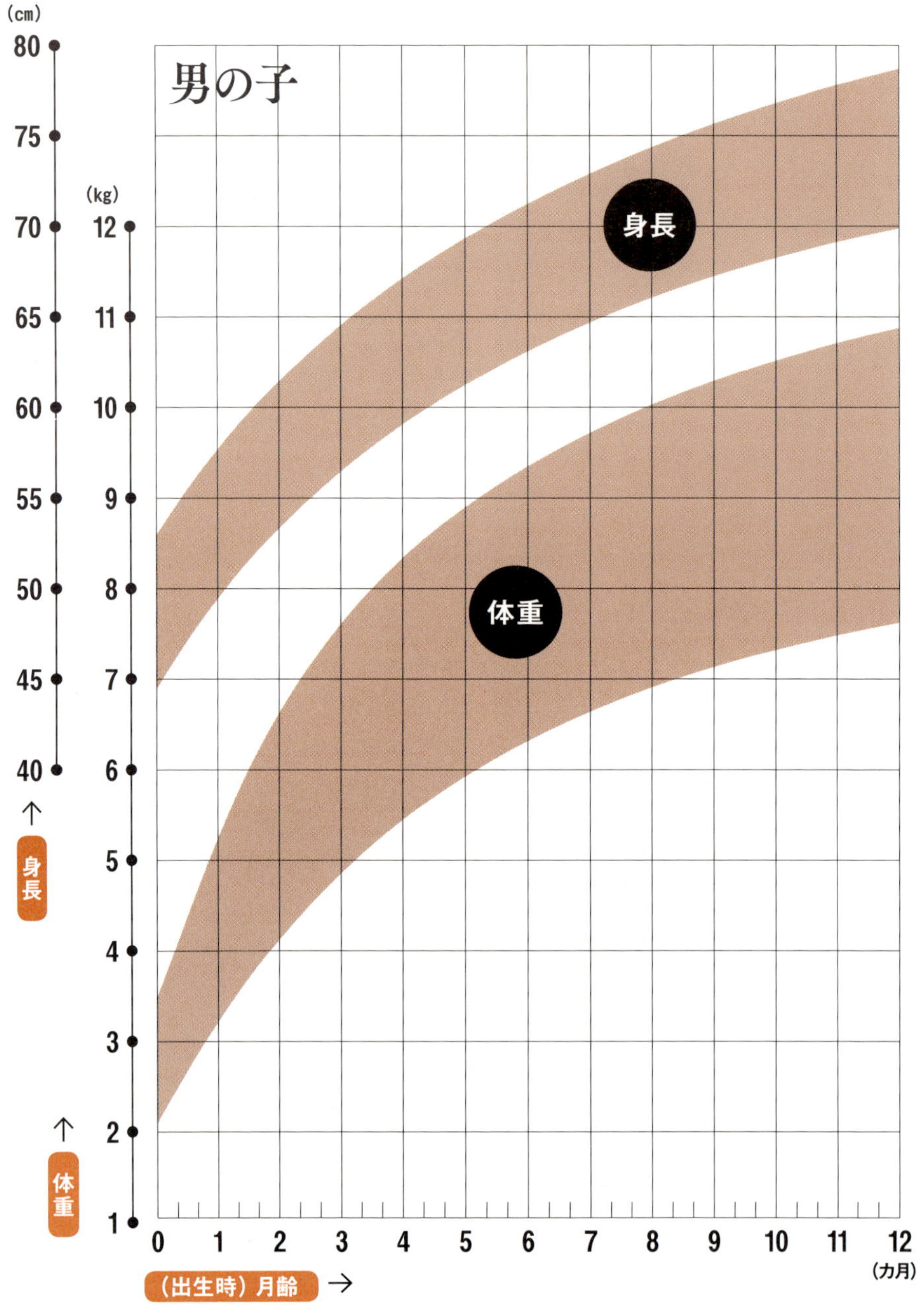

１歳までの身長と体重の身体発育値です。各月齢ごとの体重、身長の目安にしましょう。ただし、乳幼児の発育は個人差があるので、参考までにしてください。

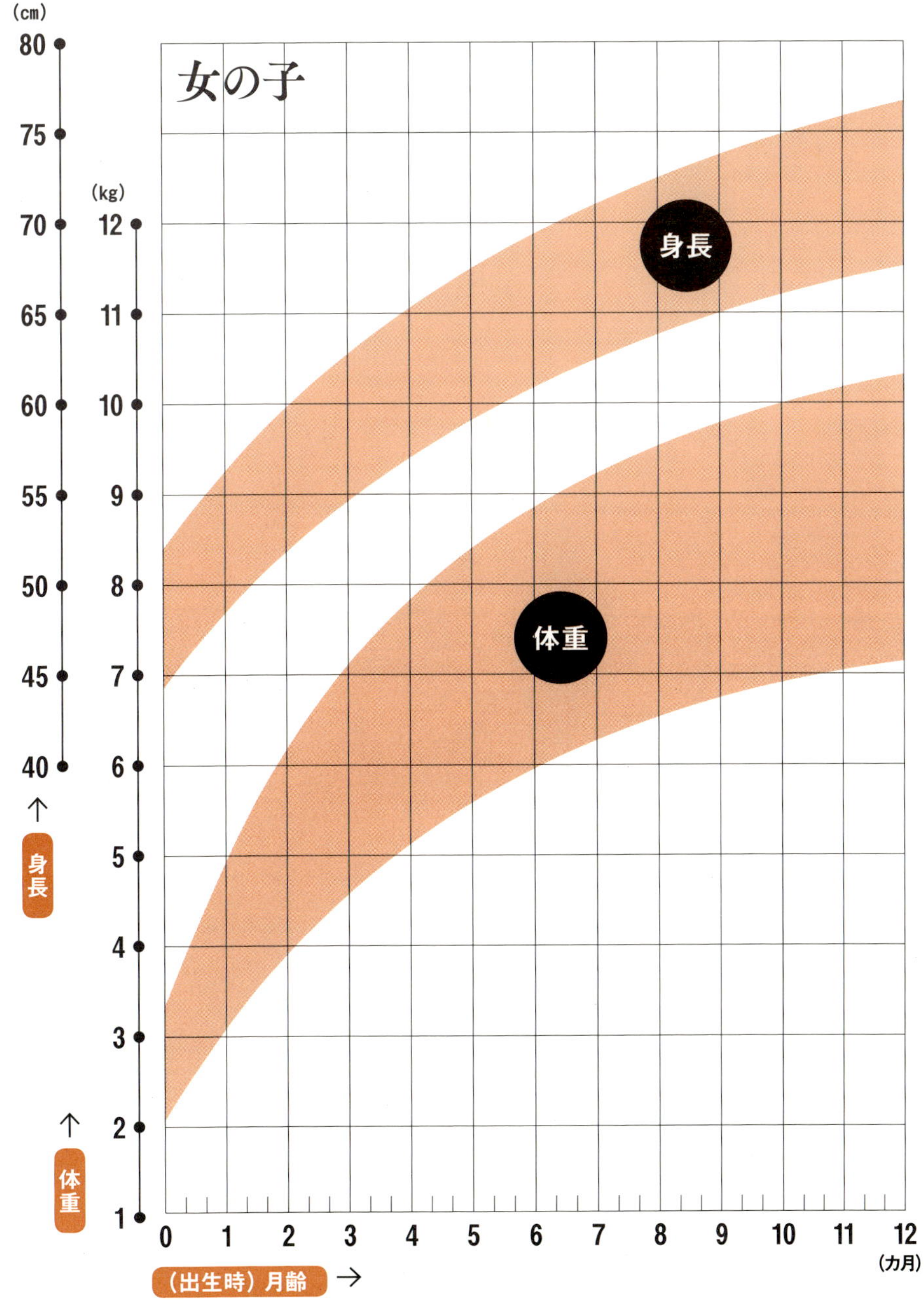

 厚生労働省『平成 22 年乳幼児身体発育調査報告書』

お世話

抱っこする

首がすわる前の赤ちゃんは、こわれそうでなかなかさわれないと思う祖父母も多いのでは。基本さえおさえれば、抱っこは簡単。どんどん抱っこしてあげましょう。

1 首の下に手を入れる

首の下に手を入れ、手のひら全体で支えます。

POINT 首がすわる3カ月ごろまでは、首を支えて。

2 股の間に手を入れる

もう片方の手を、股の間に入れます。

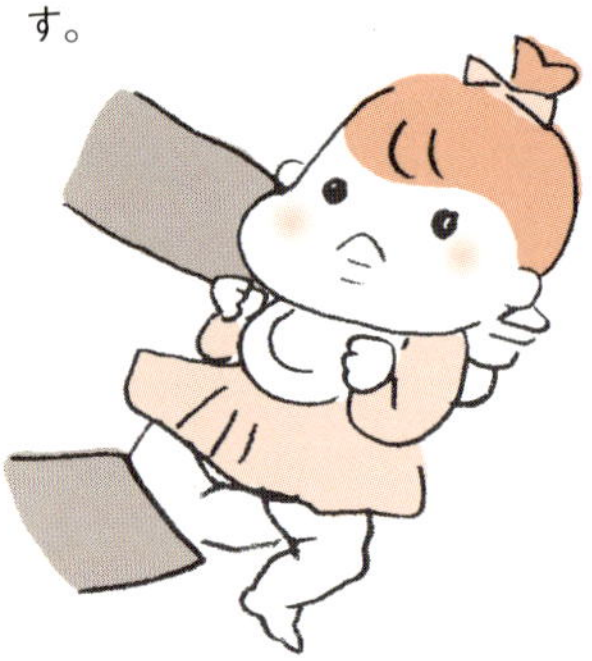

3 赤ちゃんを支える

体を赤ちゃんに近づけます。体に密着するように赤ちゃんをゆっくりと引き寄せます。これが横抱き。

POINT

赤ちゃんの体を起こすとたて抱き

横抱きの姿勢から赤ちゃんの体を起こし、自分と向き合うように抱っこします。赤ちゃんの首は腕全体で支えるようにするとラクに。

ソボクな疑問

おろすときは?

抱っこはできても、次はどうやっておろしていいのかわからないという人もいるでしょう。首を支えたまま、おしりからそっとおろします。おしりが床についたら、つぎに頭をおろします。支えている手もおしり、頭の順で抜くとスムーズです。むずかしく考えず、慣れてくると自然にできるようになります。

お世話

粉ミルクをつくる

母乳はお母さんしかあげられませんが、粉ミルクはだれでもあげることができます。赤ちゃんが粉ミルクを飲んでいるようなら、ぜひチャレンジしてみてください。

1 清潔にする

手を洗い、消毒済みの哺乳びんを用意します（消毒の仕方は下記「ソボクな疑問」参照）。

2 粉ミルクを計る

粉ミルク容器の付属スプーンで、粉ミルクをすり切りで計ります。表示通りの量を哺乳びんに入れます。

POINT 容器に書いてある粉ミルクとお湯の量は、正確に入れること。勝手に薄くしたり濃くしたりしないで。

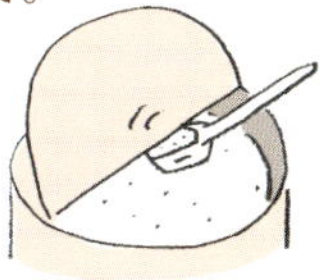

3 お湯を入れる

一度沸とうしたお湯を 70 度以上に保ったものを、哺乳びんに注ぎます。ふたをして軽く振って混ぜ、流水や冷却水で冷まします。

POINT

お湯は
必ず70度以上で

粉ミルク製造過程で混入する可能性がある「サカザキ菌」、開封後に混入する可能性がある「サルモネラ菌」といった細菌を殺すために、お湯は必ず 70 度以上で整乳すること。

ソボクな疑問

げっぷはいつまでさせる?

赤ちゃんは授乳時に空気も飲み込んでしまうことがあります。胃が空気で張ったままだと苦しかったり、はき戻したりするので、生後3～4 カ月ごろまではげっぷを。それ以降は、とくに苦しそうにしていなければ、させなくても大丈夫。げっぷは、たて抱きにして背中をやさしく叩きます。ミルクを吐くと、抱っこしている人の肩あたりが汚れることがあるので、ガーゼをあてておくといいでしょう。

哺乳びんの消毒は?

生後３カ月ごろまでは、哺乳びんを消毒してつかったほうが無難。消毒は、わかしたお湯のなかで煮る「煮沸消毒」、薬液につける「薬液消毒」、専用の容器を電子レンジで加熱する「電子レンジ消毒」などがあります。生後 4～5 カ月になると消毒しなくてもよいでしょう。

こんな疑問はここをチェック

母乳・ミルク全般▶ P48～

おむつを替える

生後間もないころは、ひんぱんにうんちやおしっこをするので、1日に何回もおむつを交換しなくてはいけません。最初は通気性がよく、つかい勝手のよい紙おむつがおすすめです。

1 準備する

汚れてもいいようにタオルを敷きます。テープ部分がうえにくるように、紙おむつを広げます。

2 ギャザーを立てる

うんちやおしっこがもれないように、左右にあるギャザーを立てます。

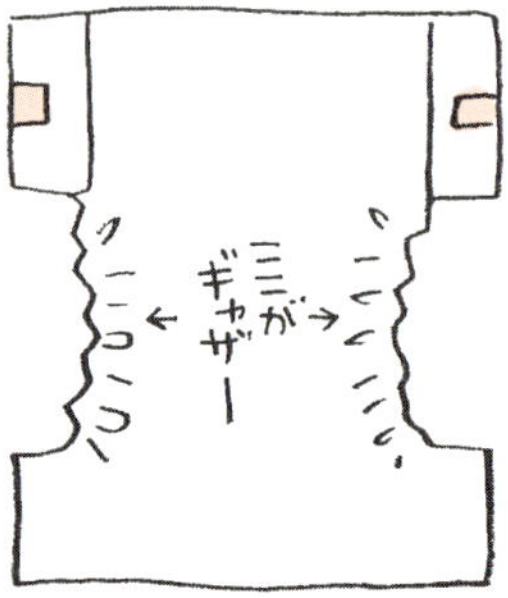

3 新しいおむつを敷く

赤ちゃんの服の前を開け、新しいおむつをおしりの下に差し込みます（古いおむつはまだしたまま）。

4 古いおむつを取る

古いおむつの左右のテープをはずします。おしりふきなどでおしりをきれいにふき、古いおむつを抜き取ります。

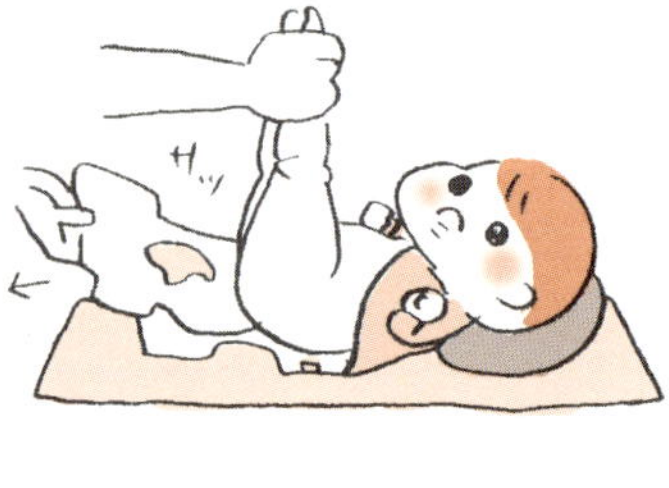

5 左右のテープをとめる

新しいおむつがおなかにくるようにあて、左右のテープをとめます。

POINT テープは伸びるので、少し引っぱりながら。おなかとおむつの間に指が1本入るくらいゆとりをもたせて。

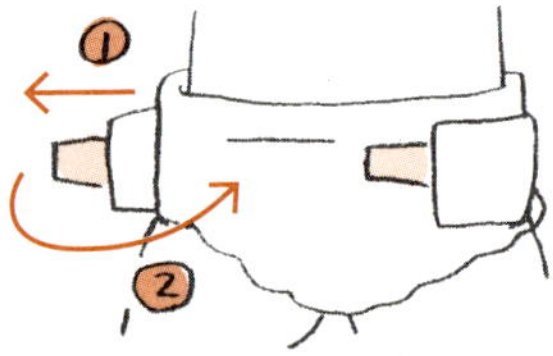

POINT

古いおむつは丸めてポイ

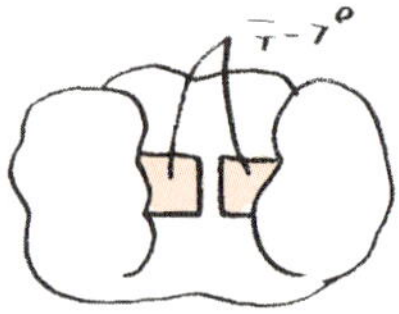

古いおむつは汚れた面を内側にしてくるくると小さく丸め、左右のテープでとめます。

お世話

スキンケア

赤ちゃんの肌は湯上がり卵肌のようにつるつるとしたイメージですが、実は肌荒れや乾燥などしやすい不安定な状態です。肌が荒れていると、アトピーや食物アレルギーの原因にもなります。

あふろあがり

おふろあがりの清潔な肌に保湿をします。かさつくほほや手足、おなかなどまんべんなくぬってあげてください。

POINT 白色ワセリンがおすすめ

白色ワセリンは肌がもっている水分をとじ込め、肌の乾燥を防いでくれます。赤ちゃんがなめても害がないので安心です。ただ、ごくまれにワセリンのなかに混じっている不純物で肌が赤くなることがあります。敏感肌の赤ちゃんは、より純度の高いものを使うとよいでしょう。

肌がかさつくとき

肌のバリア機能を守るための基本は、「汚れを落として、保湿する」です。石けんをつかってやさしく洗い流したら、保湿をしっかりとしましょう。

あせも

扇風機やエアコンをつかい、涼しい環境にします。汗を吸収しやすい服を着せ、汗をかいたら着替える、ふくなどするといいでしょう。あせもができたら、小児科や皮膚科を受診して、軟こうやローションをもらいましょう。あせもがひどくなると「汗腺膿瘍《かんせんのうよう》」というはれと痛みがともなうものになったり、手でかいて広がる「とびひ」になったりします。赤ちゃんはよくあせもになるからとあなどらず、できたらすぐに適切なケアを。

ソボクな疑問

脂漏性湿疹《しろうせいしっしん》とは?

生後数週間から数カ月の間にできる湿疹。黄色いかさかさしたかさぶたができます。頭や眉毛、眉間、鼻、耳などの頭部が中心です。さわるのがこわいので、そのままにしているという人もいますが、洗わないとかさぶたがどんどん大きくなります。おふろに入る前にベビーオイルやオリーブオイルをぬってふやかし、石けんで洗いましょう。一度では取れませんが、だんだんときれいになります。

新生児座瘡《しんせいじざそう》とは?

出生から生後2カ月までにできる湿疹。にきびのことを専門用語で座瘡といいます。赤いぶつぶつが、ほほ、額、鼻、あごなどの顔を中心にできます。赤ちゃんのホルモンが原因ですからお母さんが食事制限をしたり、ミルクをかえたりする必要はありません。

こんな疑問はここをチェック
スキンケア▶ P70
おむつかぶれ▶ P72

おふろに入れる

赤ちゃんは汗かきのうえ、おしっこやうんちをひんぱんにするのでおしりがかぶれやすいもの。できるだけおふろに入れて、清潔に保ってあげましょう。

1 準備する

バスタオルを敷きます。すぐに着せられるように肌着と服のそでを通して広げ、その上におむつも広げておきます。

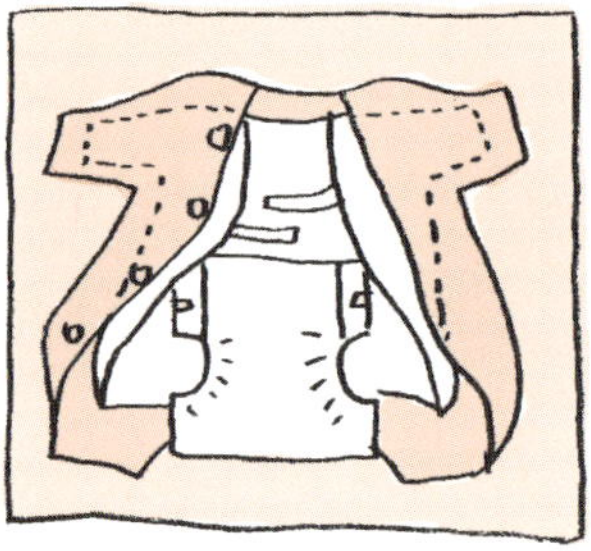

2 お湯に入れる

38～40度のお湯に入れます。おとなだと少しぬるいと感じるくらいでOK。首がすわるまでは腕全体で首を支えます。

3 前面を洗う

手のひらかガーゼに石けんをつけ、体の前面を洗います。

POINT 首の間や手首、わきの下などのシワやくびれに汚れがたまりやすいので、よく洗うこと。

4 背面を洗う

赤ちゃんをひっくり返し、L字にした腕のうえに乗せるようにします。顔がお湯につからないように注意しながら、おしりや背中を洗います。

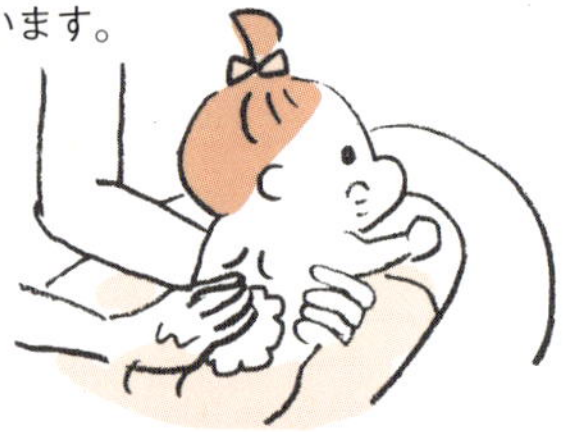

ソボクな疑問

赤ちゃんといっしょにおふろに入るときのコツは?

赤ちゃんだけをベビーバスに入れるなら、上記のやりかたで大丈夫。いっしょにおふろに入るときも、用意や洗いかたは同じです。全体の手順としては、赤ちゃんのおしりを洗う→いっしょに湯船につかる→赤ちゃんの体を洗う→湯船につかるという感じです。赤ちゃんがのぼせるので短時間ですませましょう。最初はたいへんなので、自分以外にもだれかおとながいるときにチャレンジすることをおすすめします。別のおとなに洗い終わった赤ちゃんを渡して、着替えなどをしてもらいましょう。自分の体はそのあとに洗うとスムーズです。

こんな疑問はここをチェック

毎日おふろにいれるべき？▶ P74 ／熱があるときのおふろ▶ P75 ／ベビーバスはいつまで？▶ P75

お世話

着替えさせる

いまどきのベビーウェアは種類が豊富。また、スナップがたくさんあるなど、おとなの服とは違うので慣れないと戸惑うことも。事前に着かたを確認しておくとスムーズです。

1 準備する

肌着と服のそでを通して広げておきます。

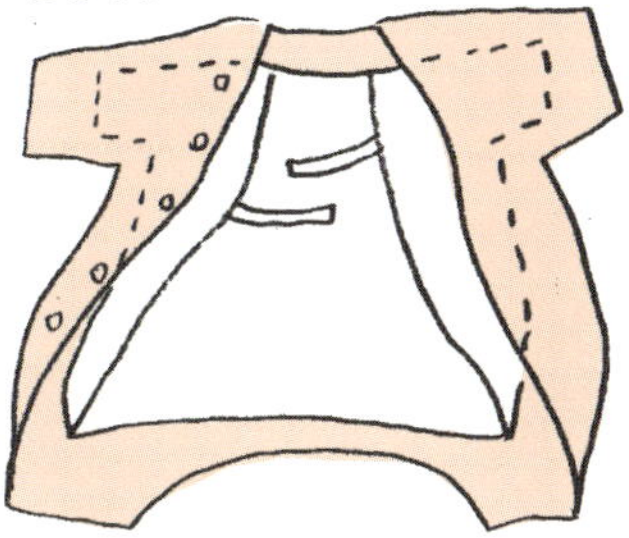

2 服を着せる

用意した服の上に赤ちゃんを寝かせます。そで口から服の中に手を入れ、赤ちゃんの手をつかんでゆっくりと通します。

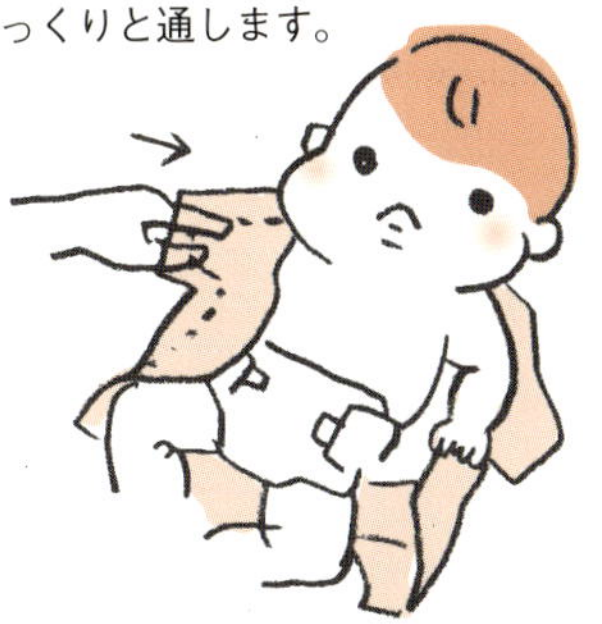

3 ひもを結ぶ

肌着の内側のひもを結び、次に外側のひもを結びます。

4 スナップをとめる

服のスナップをとめます。

POINT 赤ちゃんの服はスナップがたくさんあり、どこを合わせているのかわからなくなることも。あわてず、上からとめていけば大丈夫。

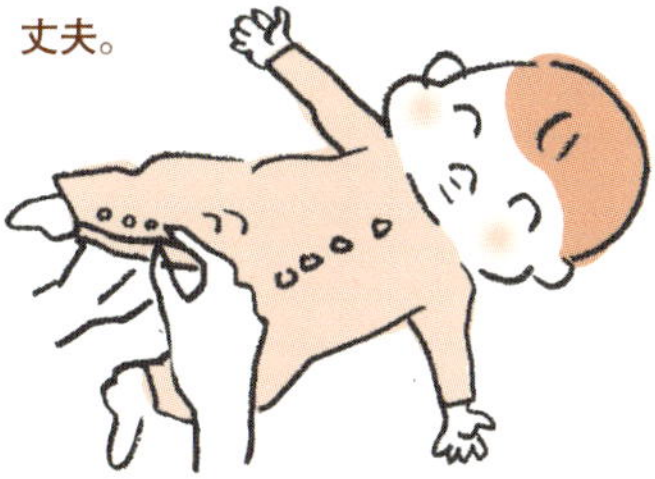

ソボクな疑問

洋服をプレゼントするときの注意点は?

0歳代はどんどん大きくなります。産まれたときには50~60㎝用の服を着ていたのが、1歳になると80~90㎝の服を着るようになります。どの服もそのとき限り、ワンシーズンしか着られないということも。また、出産祝いなどで同じようなものをもらっている可能性もあります。あげる前に、赤ちゃんのサイズとほしいものを聞くのがおすすめ。

サイズ表

サイズ(㎝)	月齢・年齢
50~60	0~2カ月
60~70	3~5カ月
70~80	6~11カ月
80~90	1歳~1歳半
90~100	1歳半~2歳

※成長には個人差があります。サイズはあくまで目安として参考にしてください。

遊び

ねんねのころ

生後3カ月ごろまでは首がすわっていないので、支えることを忘れずに。この時期は遊ぶというより、ふれあいやコミュニケーションを中心に。ちょっとしたことが遊びです。

いろいろさわってスキンシップ

赤ちゃんのおなかや手、足など、さわったりなでたりしてスキンシップを。「かわいいね」「小さいおててだね」と、語りかけながらさわると、赤ちゃんも喜びます。抱っこしても、寝かせてもOKです。

鏡でポーズ

赤ちゃんは鏡を見ると釘づけになります。鏡に映っているのが自分だとはわかっていませんが、「だれだろう？」と不思議そうに眺めます。鏡ごしに笑顔を見せてあげると喜びます。

まねっこ遊び

赤ちゃんは人の顔を見るのが大好きです。赤ちゃんの表情をまねしたり、「ばぁー」と大きく口を開けたりして、まねっこ遊びを楽しみましょう。

こちょこちょ

子どもとの遊びの定番といえば、こちょこちょ。生まれたてはこちょこちょをしても笑いませんが、だんだんと感情が育ってくるにつれ、笑うようになります。スキンシップもできるのでおすすめです。

おすわりのころ

寝返りがじょうずになって、おすわりができるようになると、赤ちゃんの視界もぐんと広がります。だいぶん動けるようになってくるので遊びの幅も出て、楽しみが増えます。

おひざでジャンプ

腰や足がしっかりしてくるころ。赤ちゃんの両脇を持ってひざの上に立たせ、ぴょんぴょんとジャンプさせます。跳ねる動作が楽しくて、喜んでくれることでしょう。

絵本の読み聞かせ

ストーリーが理解できるようになるのは３歳前後。いまは、単純に本のおもしろさ、楽しさを共有するだけでいいのです。色がはっきりしているもの、リズムがあるものなどを選んでいっしょに楽しんで。

たたいてトントン

たいこだけでなく箱や缶、洗面器などを用意して、たたく遊びです。手でたたいたり、積み木でたたいたりしてもいいでしょう。いろいろな音を聞かせて。

いないいないばぁ

顔がかくれたと思ったら出てきた！というのがおもしろくて、何回繰り返しても大喜びします。手やハンカチで顔をかくして、カーテンなどで全身をかくしてなど、バリエーションをもたせて遊んでみて。

はいはいのころ

はいはいができるようになると、自分の思うところに移動できるので、赤ちゃんの行動範囲もさらに広がります。そのぶん、危険なことも増えるので、赤ちゃんから目を離さずに。

ボールころがし

赤ちゃんにむかって、やさしくボールを転がします。「ころころ、いくよ」「つかまえられるかな」と声をかけて。ボールをつかまえたら「すごいね！」「よくできたね」とほめてあげて。

おいかけっこ

赤ちゃんがはいはいをしはじめたら、「まてまて」といいつつ、うしろからはいはいでおいかけます。しばらくおいかけたら、「つかまえた！」と抱きしめてあげて。反対においかけてもらうのも楽しいでしょう。

ちょうだいどうぞ

ものをあげたり、もらったりする「やりもらい遊び」です。赤ちゃんがおもちゃで遊んでいるときに「ちょうだい」といって手を差し出してみたり、赤ちゃんに「どうぞ」といって渡してみたりして遊びます。

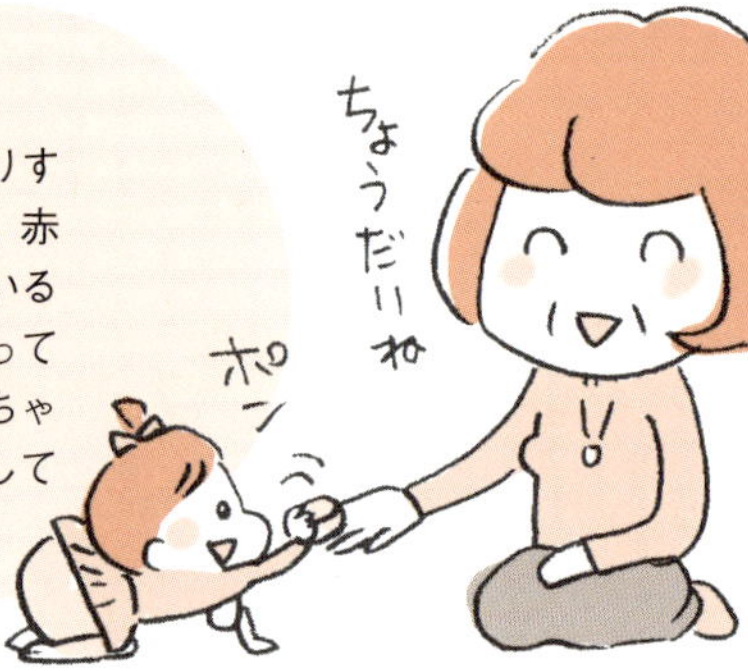

歌って手遊び

歌いながら手遊びをします。「きらきら星」「げんこつ山のたぬきさん」「ひげじいさん」など、簡単にできる手遊びがたくさんあります。

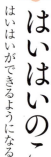

たっちのころ

1歳前後になるとたっちができたり、1歩2歩くらい歩けるようになる子もでてきます。どんどんと外の世界に興味が出てくるころなので、ぜひいろいろな体験をさせましょう。

お絵描き

「お絵描き」といっても、まだ具体的な絵を描くことはできません。てんてんや線などが描けるようになっただけでも、すごいことです。筆記具はクレヨンなど持ちやすいもの、危なくないものを選んで。

かくれんぼ

記憶力もずいぶんついてくる時期。自分がかくれて「こっちだよ」と声をかけて見つけてもらったり、反対にかくれてもらったりして遊びます。ただし、危険なところに入り込まないか注意して。

ロボット遊び

自分の足の上に、子どもの足を乗せます。転ばないように手や肩をつかんで、支えます。「ギーガシャン」と効果音をつけて歩いたり、カクカクと歩いたりして、ロボット気分を味わいましょう。

シールはり

だんだんと手先が器用になり、指でシールがつかめるようになってきます。台紙と大きめのシールを用意し、好きなようにはってもらいましょう。はってはがせるタイプのシールであれば、何度でも楽しめます。

窒息・誤飲

赤ちゃんは手でものがつかめるようになると、なんでも口に入れて確認をします。
赤ちゃんのそばには、口に入れたら困るものは置かないように整理整とんを。

「ものをつかむ」、つかんだら「口に入れる」習性が

６カ月ごろになると手の動きがますます活発になります。手につかんだものを、なんでも口に入れたがるので、注意が必要です。赤ちゃんにとって危険なものは、身長の２倍か３倍は離して置いて。毎年、約 1000 人の乳幼児が窒息や誤飲が原因で救急搬送されています。

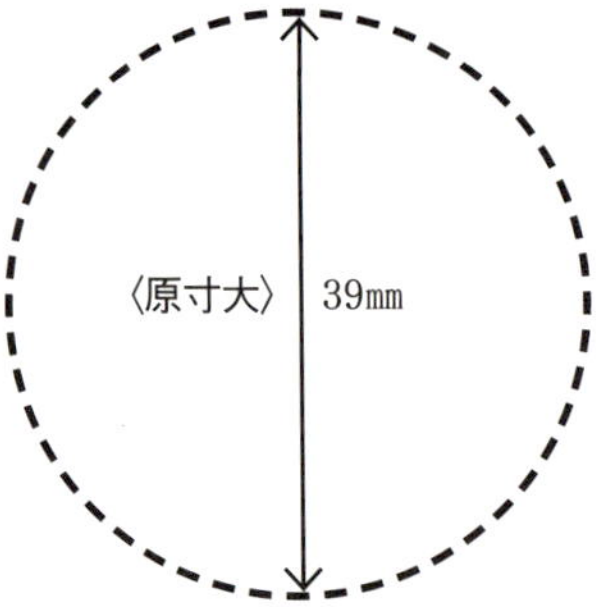

乳幼児は直径 39㎜（トイレットペーパーの芯や、おとなの親指と人差し指でつくった「OK」の輪くらい）の大きさのものなら、口の中に入れてしまい、飲み込む危険があります。「まさか、こんなものが？」と油断せず、チェックしてみてください。

こんなものにも気をつけて

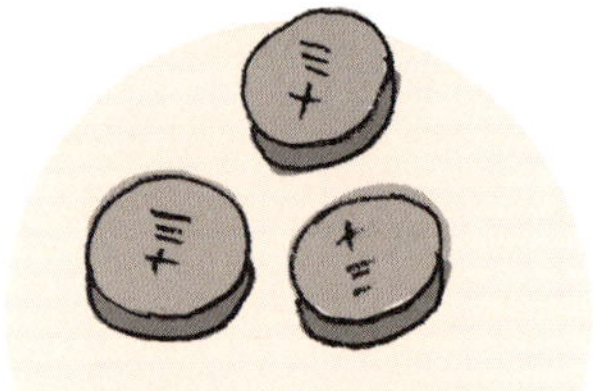

ボタン電池には要注意。飲み込んで胃の中に入れば、危険度は少し落ちますが、食道にとどまるととても危険です。すぐに食道の粘膜がただれはじめ、ともすれば、大動脈に穴が開いて死の危険もあります。吐かせず、すぐに救急車を。

スーパーボールやミニトマト、小銭、あめなどの丸いものはのどにつまりやすいので、手の届くところに置かないで。ミニトマトやうずらの卵、ぶどうなどの丸い食べものは必ず切ってからあげましょう。

灯油を飲んでしまって胃から逆流すると、灯油の蒸気が気管から肺に入ってしまい、肺炎を引き起こします。もし飲んだと思ったら吐かせてはいけません。すぐに救急車を呼んでください。キャンドルオイルも同様です。

のどにものが詰まったときの応急手当

胸骨を圧迫する方法（胸部突き上げ法）
※反応がある場合

右の背部叩打法で取り除くことができないようであれば、この方法を試します。

1 片方の腕に、乳幼児の背中が乗るように、仰向けにします。頭が胸よりも低くなるようにします。

2 もう一方の手の指２本（中指と薬指）で、胸の真ん中あたり（両乳首を結ぶ線と胸骨が交差する部分より、指１本下）を４～５回圧迫します。

１歳未満

背部叩打法と胸部突き上げ法を、異物が取れるまで繰り返します。

１歳以上

腹部突き上げ法

後ろから抱えるように両腕を回します。片手で握りこぶしをつくり、親指側をへそとみぞおちに当てます。もう一方の手でその手を包むように握り、斜め上方に圧迫するように突き上げます。

背部叩打法と腹部突き上げ法を、異物が取れるまで繰り返します。

背中を強く叩く方法（背部叩打法）
※反応がある場合

1 乳幼児をうつ伏せにします。１歳未満の場合は股の間から腕を通します。１歳以上はイスや立てひざの上に体を乗せます。

2 指で子どもの下あごを支えて、軽く突き出すようにし、頭が胸よりも低くなるような姿勢にします。

3 手のつけ根で、肩甲骨《けんこうこつ》の間を４～５回、強めにすばやく叩きます。

１歳以上

１歳未満

反応がなくなった、または反応がない場合は心肺蘇生（→ P149）をしながら、救急車を呼ぶこと

ちょっと注意！

こんなときは吐かせてはいけません

石油製品、酸性やアルカリ性の製品、先がとがったものなどは、気管や食道を傷つけたり、症状が悪化したりする危険があります。吐かせずに、すぐに救急車を。

- 灯油
- キャンドルオイル
- ボタン電池
- 画びょう、釘、針
- ガソリン
- マニキュア
- 家庭用殺虫剤

など

おぼれる

乳幼児は、少しの時間、わずか数cmの深さでもおぼれます。「少しの間ならいいだろう」「これくらいならいいだろう」という思い込みは危険です。

おふろは水の事故でいちばん危険

「おぼれる」というとビニールプールや水遊びを思い浮かべる人も多いのではないでしょうか。実は、子どもがおぼれた場所第1位は「自宅の浴そう」。年齢別で見ても、0~5歳まですべて「自宅の浴そう」が2位を大きく引き離して1位です。

こんなことにも気をつけて

「少しくらいいいだろう」「すぐに戻るから」などと思って、おふろ場に子どもだけ残していませんか。洗面器にたまっている水だけでもおぼれますし、シャンプーや石けんを口にするかもしれません。おふろ場で子どもだけにすることは厳禁です。

赤ちゃんの首に浮き輪のようなものをつけて、水にプカプカと浮かせる「首かけ式浮き輪」が人気です。とても気持ちよさそうですが、使用する場合は絶対に目を離さないこと。首から浮き輪が外れたり、おぼれたりする事故が発生しています。

きょうだいで入浴させていると、ついひとりにかかりきりになって、もうひとりに目がいき届かない場面も出てくるかもしれません。そんなときは、ひとりずつ別々にせず、いっしょに行動を。目の届くところにいれば、危険を回避できます。

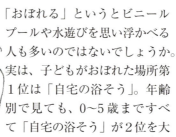

意識がない、呼吸がないときの応急手当

心肺蘇生 ただちに救命処置をしながら、救急車を呼びます

1歳以上〜8歳未満

胸骨圧迫

両手または体格によっては片手を胸の真ん中あたりを、胸が3分の1へこむ程度に押します。1分間に100〜120回のペースで押すこと。

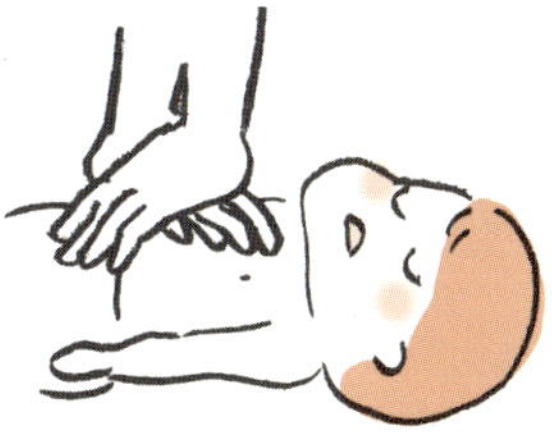

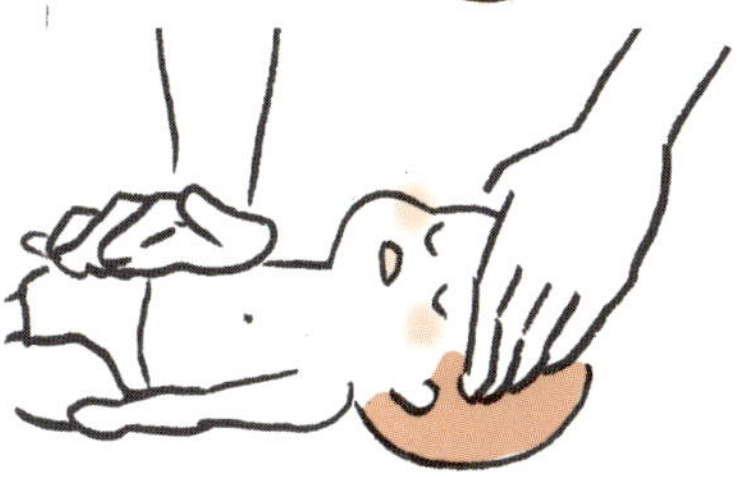

人工呼吸

頭を後ろにそらし、あごを持ち上げて気道を確保。鼻をつまみ、口と口を当て、胸がふくらむのを確認しながら、1秒かけて2回吹き込みます。

胸骨圧迫30回と人工呼吸2回を組み合わせて、絶え間なく続けること。

1歳未満

胸骨圧迫

手の指2本で、胸の真ん中あたり（両乳首を結ぶ線と胸骨が交差する部分より、指1本下）を、胸が3分の1へこむ程度に押します。1分間に100〜120回のペースで押します。

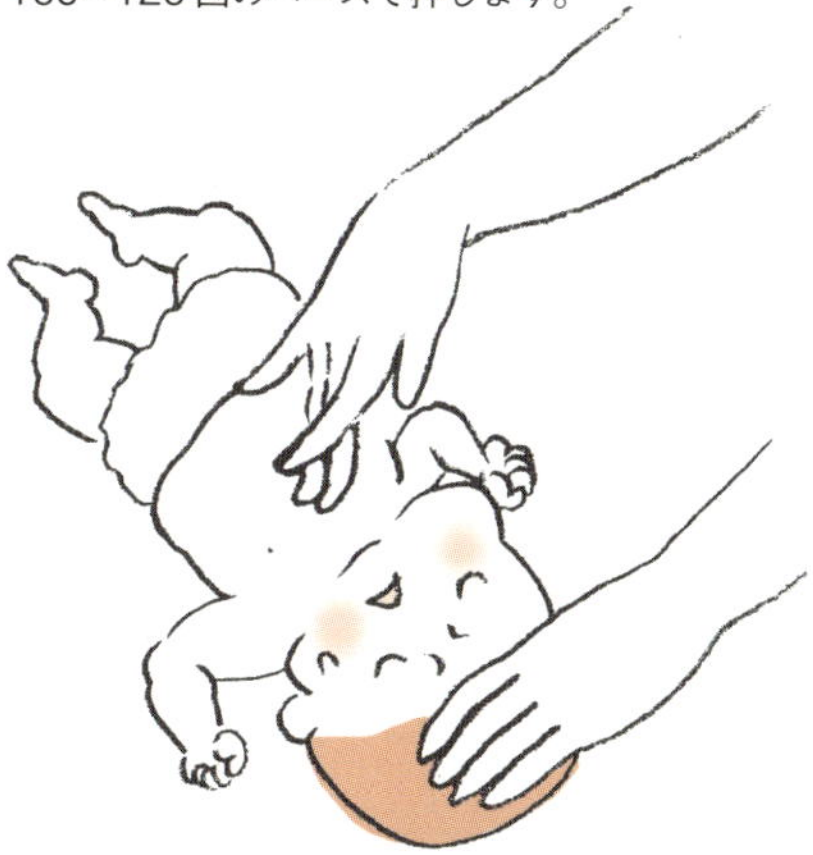

人工呼吸

頭を後ろにそらし、あごを持ち上げて気道を確保します。口と鼻を覆うように口を当て、胸がふくらむのを確認しながら、1秒かけて2回吹き込みます。

胸骨圧迫30回と人工呼吸2回を組み合わせて、絶え間なく続けること。

やけど

0～5歳の間では0歳と1歳のときが、もっとも事故が多いようです。とくに動けるようになる7カ月ごろから事故が増えてきます。はいはいできるようになったら気をつけましょう。

おみそ汁やスープなど熱い液体に注意を

やけどは、家で起きる身近な事故です。とくに注意したいのがおみそ汁やスープなどの熱い液体によるやけど。「届かないだろう」と思っていても、つかまり立ちができるようになったり、テーブルクロスを引っぱったりして、熱い液体がかかることが多いようです。

こんなものにも気をつけて

炊飯器からもくもくとあがる蒸気は、子どもの好奇心をくすぐるようです。「あれはなんだろう？」「きれいだな、雲みたいだな」と思って、つい手を出してしまいます。炊飯器の蒸気はとても熱いものです。万一に備えて、子どもの目にふれない場所を定位置に。

コンセントに指をつっこんだり、おもちゃを差し込んだりすると感電の危険があります。子どもがさわれないようにカバーをしたり、家具で目かくししたりして対策をしましょう。コンセントは子どもの手が届きやすい下のほうにあるので、お見逃しなく。

炊飯器の蒸気と同じく、加湿器の蒸気も、子どもの興味を引きつけます。とくに、加湿器は体を気づかって、子どものいる部屋に置いてあることが多いもの。近寄らないように囲いをしたり、手の届かない場所に置いたり工夫をしましょう。

やけどをしたときの応急手当

とにかく冷やす

水道水など清潔な水で冷やします。そのとき、直接水道水を患部にかけるのではなく、洗面器などにためながら冷やすこと。

服を着ている場合は脱がさずに、服の上から冷やします。

広範囲のやけどの場合はただちに病院へ

やけどの範囲は広いほど重傷です。とくに子どもの皮膚は薄く、重傷化しやすいものです。乳幼児の場合は、体の10%以上（片腕全体の広さ）をやけどすると、命の危険があります。すぐに救急車を呼んでください。

ちょっと注意！

民間療法はやめて

やけどに味噌やアロエ、サラダ油をぬるといった民間療法がありますが、やめてください。悪化の原因になることもあります。

安全対策

転落

子どもは好奇心のかたまりです。見えないところや隠れているところがあれば「なんだろう?」と覗き込んだりして、落ちることも。とくに高所の場合は命の危険があります。

高所からの転落は命の危険も

子どもは好奇心が旺盛なので、危ないところもどんどん進み、そのまま転落してしまうことがあります。イスやベッドのうえからでも危ないのに、ベランダなどの高所からだと命にかかわります。足場になるようなものは置かないようにしてください。

こんなものにも気をつけて

「まだ寝返りやはいはいをしないから」「いまは寝ているから大丈夫だろう」「それほど高くないし」などと思って、ベビーベッドの柵を閉めないのは危険です。おとなにとっては低く感じても、子どもにとっては高い場所。安全のためにも、柵は上まできちんとあげておきましょう。

自転車のチャイルドシートに子どもを乗せたまま、その場を離れるのはやめてください。子どもが動いたり風にあおられたりして、転落するおそれがあります。また、自転車に乗せる場合は、必ず子ども用ヘルメットを着用させます。

最近、抱っこひもからの転落事故が増えています。しっかり抱っこひもに入れているつもりでも、前かがみになるとスポンと子どもが落ちてしまうことがあります。前にかがむときは、手を添えることを忘れずに。おろすときは、座るなど低い位置から行いましょう。

ベランダや窓から転落しないための防止策

ベランダ

手すりに布団や毛布など重いものを干さない。布団が下に落ちるときに、子どももいっしょに引っぱられる危険がある。
間隔の広い手すりはそのままにせず、ネットをするなど対策を。間から子どもが落ちるおそれが。
植木の台やエアコンの室外機など、踏み台になりそうなものは手すりの近くに置かない。

窓

窓の近くに、のぼれそうなソファを置かない。足場にして落下する危険がある。
出窓を開けたままにしない。網戸だけにするのも避ける。網戸によりかかるといっしょに落下するおそれが。

はさまれる

子どもの手足は小さく、ほんの少しのすきまでもはさまれてしまいます。ドアや家具、車両の戸袋などに注意しましょう。抱っこをしたり手をつなぐなどし、対策をしてください。

はさまれる事故の8割が自宅のドア

子どもの手足は、おとなに比べてとても小さいもの。「こんなところに？」と思うようなちょっとした隙間にもはさまってしまいます。とくに注意したいのが、手動のドア。0～5歳までの事故で、もっともはさまれることが多い場所です。指が切断されることもあります。

こんなものにも気をつけて

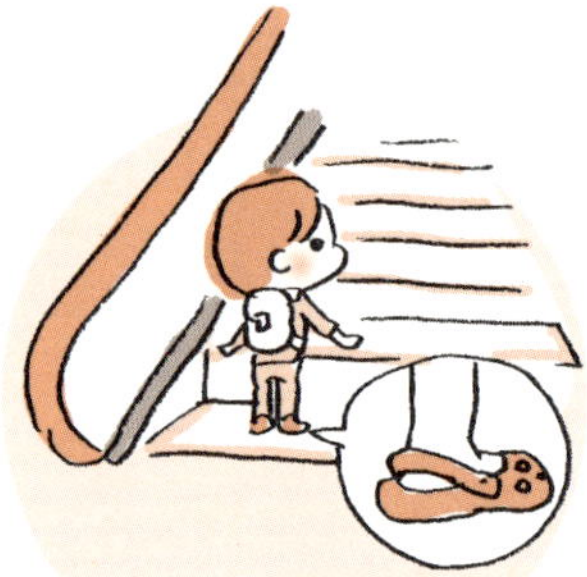

エスカレーターの階段に手を入れたりしないように、気をつけてください。また、手指ではありませんが、サンダルやながぐつが巻き込まれて、足をケガする事故も増えています。エスカレーターの階段の黄色い枠内に立つようにしましょう。

エレベーターのような自動ドアにも注意が必要。エレベーターを待っているとき、乗っているときなど、子どもがつい手を出してしまいます。抱っこしていないときは、おとなと目線が違うので気づきにくいものです。手をつなぐ、ドアから離すなどして対策を。

自動車のドアや窓を開閉するときは、必ず子どものいる場所を確認してください。パワーウィンドウに指をはさまれて、切断された事故も起きています。電車のドアが開閉するときも、巻き込まれないように気をつけて。

ドアやエレベーターなどにはさまらないための防止策

ドア

家にはドアがいっぱい。指はさみを防止するグッズがたくさん売られているので、ぜひ取りつけを。

ドアの開閉時には、子どもの位置を確認する。また、子どもが開閉するときには、つきそうようにする。

エスカレーター

エレベーター

子どもと手をつないだり、抱っこしたりする。また、付近では遊ばせない。

安全対策

熱中症

体が暑さに慣れていないときに、熱中症になることが多くなります。梅雨があけて蒸し暑い日や、梅雨の合間にとつぜん暑くなった日などは、注意しましょう。

真夏はもちろん、体が暑さに慣れていない時期に注意

子どもはまだうまく体温調節ができません。おとなよりも暑さの影響を受けやすいので、暑い日の外出には気をつけてあげましょう。とくに、体が暑さに慣れていないときに、熱中症にかかりやすくなります。涼しいところで休憩する、水分補給をするなどしましょう。

こんなことに気をつけて

子どもは、自分で服装を選ぶことがまだできません。おとなが涼しい服装を選んであげましょう。環境に合わせて、服を着脱できるようなものを用意してください。

子どもの様子をよく見ておきましょう。顔が赤い、ひどく汗をかいている場合は、深部温度（心臓や脳など、体の深部の体温）が上がっていることが考えられます。涼しい場所で休息しましょう。

外が暑いからといって、家に閉じ込もっているのはよくありません。日ごろから適度に外遊びをさせて、暑さに体を慣れさせることも重要です。

水分補給はしっかりと。のどがかわいたと思ってから飲ませるのではなく、その前に適度に飲ませてあげるとよいでしょう。こまめに飲むことが大切です。

熱中症の応急手当

意識があるか確認

- 意識があり、反応も正常
  - ↓ 涼しい場所へ避難させる
  - ↓ 衣服をゆるめ 体を冷やす
  - ↓ 水分と塩分を 補給する
  - ↓ 症状改善
  - ↓ 水分を自力で飲めない／症状が改善されない → 救急車で医療機関へ

- 意識がなく ふだんと様子が違う
  - ↓ すぐに救急車を呼ぶ
  - ↓ 救急車を待つ間
    - 涼しい場所へ避難させる
    - 衣服をゆるめ、体を冷やす
  - ↓ 救急車で医療機関へ

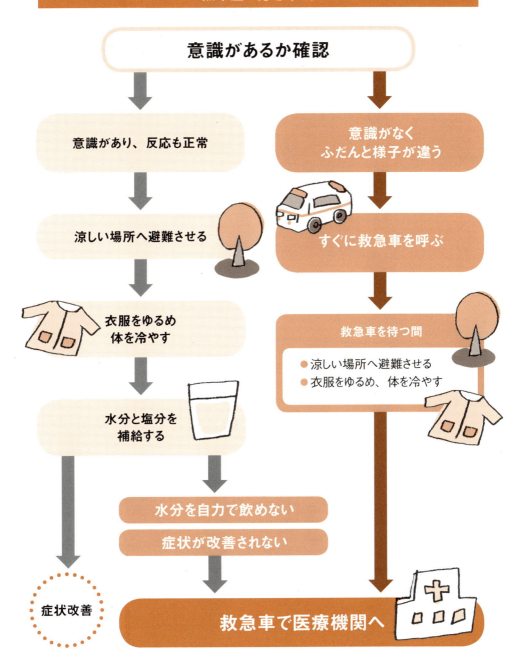

医療従事者にいわれたあんなことこんなこと

子どもの病気や成長発達、育児情報などをインターネットで検索する人が多いのですが、いい加減なものも多いのが問題です。

書籍や育児雑誌はちゃんとしていて、間違った医学情報・育児情報をのせないだろうと思う方は多いのですが、そんなことはないんです。

医者の私からみると、医療界でも異端の考えをもつ人がインタビューに答えていたり、いまは否定されている育児情報しかもっていない人が書籍やコラムを書いていたりします。

そのため、活字になっていても、医療関係者が答えていても、安心できないのです。「医学的に正しい情報はどうやって手に入れたらいいですか？」、「ネットで探すときにいい方法がありますか？」、「お医者さんが答えていれば大丈夫ですよね？」とよく聞かれますが、うーんとうなってしまいます。

そして、普通の生活でもいろいろな人から疑問に思うことを直接、いわれがち。お産をした産婦人科病棟でも、乳児健診に行った保健センター、アレルギーについて質問してみた小児科でも、国家資格をもっているはずの看護師、助産師、保健師、栄養士、医師でさえ医学的に根拠のないことをいう場合があるんです。

例としてあげると、母親になったら子育て中に眠いなんて感じないはず、眠いなんて母としての自覚が足りない（そんなわけないですね）、毎日水を3リットル飲みなさい、そうすれば母乳が出る（水中毒の危険があるのでやめてください）、子どものおねしょが治らないのは母親が働いているせい（無関係です）、ワクチンなんてせず感染症には自然にかかったほうが一生の免疫がつく（風疹《ふうしん》などに2度かかることはあり、間違いです）、赤ちゃんの衣服はおとなのものとはわけて石けんで手洗いしましょう（いっしょに洗濯機でかまいません）、1歳をすぎたらベビーカーをつかわずに歩かせて（ベビーカーの耐荷重量までは乗っていいでしょう）などなど。

乳児健診でこういった話を直接、お母さんたちから相談されることがあります。あまりに荒唐無稽な、たとえば夏場は予防接種をしないようにという根拠のない訪問助産師の個人的な意見は、保健センターに電話したこともあります。

私は医師という立場で、多少は育児にも知識があるので大丈夫ですが、お母さんたちはとても困ることでしょう。

娘さんやお嫁さんが、「こんなことをいわれたけれど、どうなんでしょう？」と頼ってきたら、ぜひ味方になってあげてください。

その場にいあわせたら、「本当にしたほうがいいことですか？　どうしてですか？」と代わって聞くのもいいですね。「あなたの意見ですか？　それとも、いまの医療（育児）ではそうするんですか？」と質問して、ただの個人的な意見だったら「我が家はそういう方針じゃないんです」というと娘さんやお嫁さんは助かるでしょう。

勇気のいることかもしれませんが、医療機関や保健センターの人の発言だったら投書や電話も効果的です。後ろ盾になってあげてください。

■ 監修者プロフィール

森戸やすみ

1971年東京生まれ埼玉育ち。1996年私立大学医学部を卒業し、医師国家試験に合格。小児科専門医。一般小児科、NICUなどを経て、現在はさくらが丘小児科クリニックに勤務。2000年生まれと2006年生まれの娘たちの母。雑誌やブログ、Twitterを通して主に小児の健康についての啓蒙活動を行う。高度先進医療と医療関係者ではない人たちの間をつなぎたい、専門的な学術書と手に取りやすいマンガの中間の方法で育児を支援していきたいと考えている。著書に『小児科医ママの「育児の不安」解決BOOK』、『産婦人科医ママと小児科医ママのらくちん授乳BOOK』、『各分野の専門家が伝える　子どもを守るために知っておきたいこと』（いずれもメタモル出版）、『赤ちゃんのしぐさ』（洋泉社）がある。

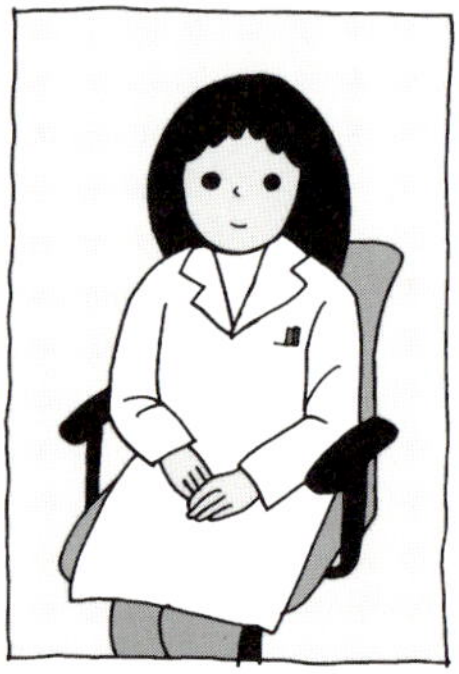

ブログ「Jasmine Cafe」 http://yasumi-08.hatenablog.com

staff
■ 編集・制作　後藤加奈（ロビタ社）
■ 装丁・本文デザイン　鷹觜麻衣子
■ イラスト　カワハラユキコ
■ 原稿協力　中川葉子

もう孫育《まごそだ》てで悩《なや》まない！
祖父母《そふぼ》＆親世代《おやせだい》の常識《じょうしき》ってこんなにちがう？
祖父母手帳《そふぼてちょう》

2017年 4 月20日　第1刷発行
2024年 5 月20日　第4刷発行

監修者　森戸《もりと》やすみ
発行者　吉田芳史
印刷所　株式会社光邦
製本所　株式会社光邦
発行所　株式会社日本文芸社
〒100-0003　東京都千代田区一ツ橋1-1-1 パレスサイドビル8F
TEL　03-5224-6460（代表）
Printed in Japan　112170323-112240509 Ⓝ 04（060006）
ISBN978-4-537-21463-5
URL https://www.nihonbungeisha.co.jp/